Exiliadas

Carolina Espinoza Cartes

Prólogo
Esther López Barceló

La Parcería Edita
Colección **Haciendo Memoria**

Exiliadas
Carolina Espinoza
La Parcería Edita, 2024

Prólogo
Esther López Barceló

Imagen de portada
Antonieta Pardo

Retratos fotográficos
Ignacio Izquierdo

Fotografías arpilleras
Arpillera chilena, Violeta Morales, 1884, Colección Marjorie Agosin
Foto: Martin Melaugh © Conflict Textiles

Arpillera de Nivia Alarcón (pág. 154)

Arpillera chilena, Jimena Pardo, 2021
Martin Melaugh © Conflict Textiles

Arpillera chilena, Anónima, 1978, Colección Marjorie Agosin
Colin Peck © Conflict Textiles

Diseño editorial
Karina Vidal Ponce

ISBN: 978-84-128992-2-1
Depósito legal: M-26732-2024

Impreso en Estugaf Impresores, S.L

IG: @laparceriaedita
www.laparceria.org

Exiliadas

Carolina Espinoza Cartes

"¡Ay!, comadre Lola,
si usted supiera lo que es estar dividida,
no saber cuál es su tierra.
Ana chola, como ratón sin cola.
Mi mamá me hablaba a mí del C.H.I.,
 por allá bien lejos donde yo nací,
donde yo crecí,
 y no juego a la gringa
 si eso tú creí."

Ana Tijoux en el rap "La rosa de los vientos" (1999).

A la pequeña familia que he construido en España
Miguel Ángel, Ángela, Constanza y Elio.

A mi madre, Ingrid, por su optimismo y empuje.

A Edith Chaín, que se fue en medio de este viaje.

Agradecimientos

Hace mucho que escribir libros es una acción colectiva y dejó de ser un acto personal. Por eso la lista en los agradecimientos se hace cada vez más larga, porque debe reflejar esa red que hace que, como las tramas de una novela, llegues de una fuente a otra, de un dato a otro, de una voz a otra.

Voy a citar a algunas personas, aunque seguro muchas quedan fuera y estas ausencias serán compensadas con un beso grande de mi parte. Primero, a todas las exiliadas que he entrevistado en esta larga carrera desde 2004. A todas por abrirme las puertas de su casa, compartir su intimidad, sus deseos y anhelos más íntimos. A sus hijas, por tratar de sanar un trauma heredado a través de manifestaciones tan maravillosas como las que he ido conociendo y que están haciendo día a día. ¡Sigan porque la memoria no tiene límites! A la red de solidaridad de las asociaciones de chilenos y chilenas en el extranjero, por aportar, alojarnos y documentar con datos sobre la existencia y el paradero de algunas exiliadas.

Al compromiso, profesionalidad y solidaridad del fotógrafo Ignacio Izquierdo.

A Carolina Piña, Claudia Adriazola y Fabiola Castillo por ayudarme en las transcripciones.

A la ternura de Silvia Ramírez por acogerme en su casa para terminar este libro y al hermoso proyecto que lidera, La Parcería Edita por todos los títulos que vendrán.

A la beca del estado español Margarita Salas, llevada a cabo en la Universidad de Grenoble, Francia y en el Departamento de Historia, Teoría y Geografía Políticas de la Universidad Complutense de Madrid.

A la hospitalidad, compromiso y ternura de Nivia Alarcón y Antonieta Pardo en la hermosa ciudad de Grenoble. A la ternura, atenta mirada y generosa disposición de Roberta Bacic. A las atentas lecturas de Karen Rosentreter y Rocío Perea. A Javier Esteban y Javier Muñoz Soro por sostenerme (ahora recién caigo que sois los dos Javieres).

A Germán Labrador y Jorge Gaupp por sus lealtades y a todas las maravillosas personas que conocí en el Centro de Estudios del Museo Reina Sofía, en medio del loco afán que significó tejer conjuntivamente una apuesta de estudios culturales.

A mi familia en España por su paciencia, a mi familia en Concepción por su hospitalidad en el proceso de acogida de la primera edición.

Este libro está hecho 100% con Inteligencia Artesanal.

A todas, este libro es vuestro.

Índice

.

Los lenguajes secretos de las mujeres

Esther López Barceló

Esta vez se marchaba, pero de verdad, en el viaje de los nadie a la nada. Ese desarraigado vagabundeo que han romantizado de tanto llamarlo exilio. Un destierro que duró décadas en las que se le fueron descolgando el pecho y la cintura a fuerza de parir hijos.(…) Cuando pasaba las tardes con ella, a la sombra naranja del toldo florido de su balcón, me contaba cómo le dolía su pueblo, a todas horas y en cualquier parte. Echaba en falta sus calles estrechas y empinadas, la confianza de las casas siempre abiertas, los rumores de mujeres rezando el rosario tras las persianas, el camino ahogado en sudor hasta la fábrica de hacer turrones, el gusto a latón del caldo caliente y, sobre todas las cosas, verlo todo pasar sentada en el mimbre, con el brazo apretado al amor de su madre.

Este es un fragmento del relato que brotó de mí el día en que sentí la pulsión física y encendida de dejar constancia escrita de quién fue mi bisabuela materna: Concepción Celia Clotilde Soler; una mujer que pasó un tercio de su vida en el exilio, mientras sacó adelante a tres hijas y dos hijos. En Bolivia, parió al pequeño entre el silbido de las balas y salvó a una hija a punto de ser secuestrada. Luego, en Montevideo, consiguió guarecer bajo techo a toda la familia, a pesar de sufrir no menos de cinco desahucios. Y si de jovencita caminó durante horas para llevar comida y abrigo a su marido preso en Alicante, de mayor repitió el mismo trayecto y en la misma ciudad, pero en autobús, para cuidar a un hijo condenado por la heroína que tantas vidas se cobró en los ochenta, excepto la de su hijo, que era, por cierto, el mismo al que dieron por muerto apenas nacido y que ella salvó fabricando una incubadora con una caja de frutas forrada de biberones calientes envueltos en mantas y cojines. Pocas historias de vida he conocido que estén más cargadas de épica que la de mi bisabuela. Sin embargo, de ella no dan apenas cuenta los archivos. En ellos tan solo constan su nacimiento, matrimonio y muerte. Nada más. Por supuesto, tampoco hay legajo alguno que documente las gestas de su madre, mi tatarabuela, conocida en Xixona como *Dolores, la busotera*, quien se encargó de ayudar a parir en el pueblo a docenas de mujeres durante décadas y, por si esto fuera poco, además tuvo los arrestos de echar de casa a su marido por maltratador y bebedor empedernido. De ellas y miles de otras, hasta hace bien poco, estaban vacíos los libros de historia, los cánones literarios, las partituras, los museos, las estatuas, la nomenclatura de las calles, los currículums educativos; e, incluso, es bien conocido que, en más de medio mundo, de las mujeres, al casarse, no queda en pie ni el apellido.

Sin embargo, este ensayo es buena muestra de que, desde hace algunos años, en el seno de la academia se viene produciendo un sismo: se trata de un resquebrajamiento de las placas tectónicas patriarcales que tiene como epicentro las suelas de los zapatos—algunos planos, otros puntiagudos, mas todos enrabiados— de un conjunto cada vez más apabullante de mujeres que se han confabulado espontánea e intuitivamente para exhumar las voces sepultadas de tantas y tantas otras que las precedieron y que con sus brazos — fornidos de tantos siglos de cuidar acumulados— las empujaron más lejos de lo que a ellas nunca les permitieron. Me gusta referirme a este ejército de mujeres, del que formo parte orgullosa, como el de *la generación de las conjuradas*.

Hace un tiempo que vengo otorgándome la licencia de inventar palabras para decir aquello que intuyo que existe pero carece de nombre todavía. Me costó mucho, no crean, porque como decía Adrianne Rich, también "el acto de nombrar ha sido hasta ahora una prerrogativa masculina". Pero para cambiar la mirada hegemónica es preciso crear un vocabulario nuevo. A fin de cuentas, "toda historia", como dice Mary Beard, "es una historia de la mirada". Y no es tarea sencilla modificar la perspectiva androcéntrica, colonizadora y heteronormativa, tras tantos siglos sirviendo de cimiento al pensamiento humano. Para conseguir desmontar todo ese andamiaje rancio, excluyente y, por tanto, falaz en su pretendida vocación de abarcarlo todo, es necesario cuestionar la arquitectura que limita y constriñe nuestros marcos mentales. Todo aquello que damos por sentado, que consideramos natural y, por ende, ajeno a la intervención de los hombres, debe ser interrogado hasta la raíz. Solo así seremos capaces de discernir el alcance de los mecanismos, a menudo sibilinos e imperceptibles, del patriarcado. Anne Newgate decía: "Siempre que veo aparecer una definición trato de recordar que tengo que preguntarme: ¿Quién ha construido esta definición? ¿Quién necesita las distinciones enfrentadas y quién va a beneficiarse de ellas?". Un ejemplo paradigmático de esta reflexión se encuentra en los conceptos de arte y artesanía que, en el siglo XVIII, Diderot y D'Alembert establecieron en la *Encyclopédie* "agrupando por un lado las Bellas Artes (poesía, pintura, escultura, grabado y música) y, por otro, las artesanías y oficios, dando un gran protagonismo a este apartado, pero separando definitivamente el Arte (superior) de la artesanía (arte mecánica)"[1].

En esa jerarquización artificial de lo que es arte y artesanía, fueron las mujeres y los pueblos originarios de los territorios colonizados quienes acabaron relegados a la invisibilización y, en consecuencia, a la incalculable pérdida de sus saberes. En el caso de Etiopía, como suele contar el Dr. Joan Salazar, los varones blancos y europeos que estudiaron —a finales del s. XIX— las prácticas sociales y culturales del continente africano rechazaron todo aquello que no fuera susceptible, según sus valores estéticos —es decir, según la percepción sesgada de su mirada—, de estar en un museo. Solo las máscaras, las tallas de madera y los objetos de bronce fueron considerados arte. El resto, como la decoración corporal o su arquitectura agraria de extraordinaria

---

1 Del Moral, I. F. (2018). Artesanía versus arte. El eterno debate. En *De la alfarería al arte* (pp. 31-42). Ayuntamiento de Navarrete.

originalidad, era denostado. La misma suerte corrió todo lo relacionado con la tecnología textil, tradicionalmente elaborada por mujeres y que, todavía hoy, en el imaginario colectivo carece de la importancia que, objetivamente, tuvo y tiene en la evolución de la cultura humana. Como bien explica Virginia Postrel[2]: "Nosotros, simios carentes de vello, coevolucionamos con nuestras telas. Desde el momento en que al nacer nos vemos arropados por una manta, ya estamos rodeados de textiles". Sin embargo, como la propia autora afirma, todo aquello que nos es poderosamente conocido y cotidiano corre la paradójica suerte de hacerse invisible a nuestros ojos: "Cualquier tecnología lo bastante familiar es indistinguible de la naturaleza. Parece algo obvio, intuitivo: tan entrelazada está al tejido de nuestra vida que la damos por sentada".

> Lo que, en términos generales, se conoce como Edad de Piedra podría, de igual modo, recibir el nombre de Edad del Cordel. Esas dos tecnologías prehistóricas se hallaban literalmente entrelazadas. (...) Las piedras perduraron durante milenios, a la espera de que las desenterrasen los arqueólogos. Para entonces los cordeles se habían podrido, y sus vestigios ya no eran perceptibles a simple vista. Los estudiosos dieron nombre a las épocas prehistóricas a partir de las capas de herramientas de piedra (...). A nadie se le ocurría pensar en los cordeles desaparecidos"[3].

Algo similar ocurre con la historia de la resistencia a las dictaduras que se impusieron a través del uso de la violencia sistemática y continuada en países como España, Alemania, Italia, Argentina, Uruguay o Chile en distintos momentos del pasado siglo XX. Durante décadas, quedaron en un segundo plano la voces de las mujeres que sufrieron la represión y, al mismo tiempo, organizaron la resistencia. Fueron, de

---

2 Postrel, Virginia (2021). El tejido de la civilización. Cómo los textiles dieron forma al mundo, Madrid, Siruela.
3 *Ibidem*

nuevo, los hombres quienes invadieron la escena y protagonizaron el relato. De hecho, yo misma, hasta hace pocos años no había escuchado o leído narrar la historia contemporánea de Chile más que a voces masculinas: Salvador Allende, Pablo Neruda, Miguel Littin, Patricio Guzmán, incluso Gabriel García Márquez, son los hombres que acuden raudos a mi mente cuando pienso en lo que sé de la dictadura chilena. Mucho después de ellos, por fin llegó a mis manos algo diferente, una historia contada con una óptica nueva: era "La dimensión desconocida", una magnífica novela de la escritora Nona Fernández, de la cual extraje para mi primera novela una frase brillante que condensaba esa mirada diferente sobre la vida.

> Llamas que lo queman todo, porque no hay cocina, en ninguna parte del mundo, en ninguna época, que se salve del fuego de la historia.

Y pocos años después descubro otra ventana abierta a una nueva realidad, la de las mujeres que, como mi bisabuela Concepción, se exiliaron de sus raíces para sobrevivir, en este caso, huyendo de la dictadura pinochetista. Y he ahí la importancia profunda de esta investigación de la profesora Carolina Espinoza Cartes que, ahora ustedes también, sostienen entre sus manos. Nos incita a mirar, a conocer y a entender las historias de exiliadas chilenas, de las que, después de medio siglo, nadie se había preocupado aún. En este trabajo, cuidadoso y prolijo en testimonios, la autora, a lo largo de nueve capítulos y un epílogo emocionante, eleva a la categoría de histórico lo que hasta ahora permanecía bajo las sombras de la indiferencia y el menosprecio. Y, además, nos descubre una forma artística y tangible de registro de la memoria colectiva que estas mujeres desarrollaron durante años: las arpilleras. Porque muchas exiliadas chilenas desplegaron sus recuerdos y ejercitaron su resistencia a través del trabajo sobre la tela, conformando dibujos de coloridos vistosos y una gran potencia narrativa. La profesora Espinoza logra así enhebrar un hilo que une a las mujeres, la memoria colectiva y la tecnología textil a lo largo y ancho del tiempo y del planeta: desde las africanas que pintaban con barro sobre algodón con la técnica conocida como *bogalanfini* —*bogo* (tierra, arcilla), *lan* (hecho con) y *fini* (tela)—, un lenguaje secreto a base de pictogramas que narraban sus experiencias, hasta las esclavas en América que trenzaban en su pelo las rutas de escape, pasando por las mujeres de la China rural que —desde el s.III dC— crearon un lenguaje clandestino llamado *Nü shu* para resistir a la represión patriarcal que las sometía desde su nacimiento. Y, desde hace poco tiempo, sabemos que también en España, concretamente en las cárceles de Ventas y de Segovia, hubo más de una veintena de presas políticas antifranquistas que crearon un código secreto enmascarado entre las abreviaturas de sus cuadernos de labores.

La profesora Espinoza Cartes ha hecho genealogía, registrando para el futuro las historias de vida de decenas de mujeres chilenas que vencieron al desarraigo, al miedo, a un idioma diferente y a la miseria, sin más armas que sus herramientas domésticas. Carolina Espinoza pues, a través de este hermoso libro, salva de las llamas del patriarcado una inmensa arpillera en la que se muestran representadas a la vez todas las mujeres que, a lo largo de la historia, se conjuraron para resistir y combatir la violencia de los hombres.

València, 24 de noviembre de 2024

Exiliadas

I. Introducción

El Golpe de Estado que sufrió Chile el 11 de septiembre de 1973, que puso fin de manera abrupta al gobierno del socialista Salvador Allende e impuso posteriormente una dictadura de 17 años, tuvo como resultado no solo una estela de muerte, tortura y desapariciones. Una práctica común de castigo de la dictadura chilena y sus homólogas en América Latina fue el exilio, una experiencia compartida por lo menos con dos millones de otros latinoamericanos entre 1960 y 1990.

Mientras el exilio tiene una larga historia en América Latina, antes de 1959 este estaba reservado principalmente para algunos líderes que perdían poder en las luchas políticas internas o golpes militares. Luego del triunfo de la Revolución Cubana, América Latina fue testigo de un nuevo fenómeno de exilio masivo por motivos políticos.

Entre las estrategias para destruir a sus antagonistas estuvo la institucionalización del exilio masivo. Las dictaduras militares en Brasil (1964-1985), Uruguay (1973-1984) y particularmente la de Argentina (1976-1983), utilizaron el terror de Estado a diversos niveles, obligando a centenares de miles a huir de la cárcel, tortura, muerte y desaparición. Posteriormente, en los años ochenta, en Bolivia y Paraguay también se incrementó la represión creando pequeños flujos de exiliados. En el mismo periodo, una violenta insurrección en Perú fue contrarrestada con represión; y en los noventa, la exacerbación de una guerra civil de largo aliento en Colombia, agregaron su aporte a la larga lista del exilio sudamericano.

En este contexto se presenta el Golpe de Estado chileno que aniquiló el proyecto de la Unidad Popular y de la generación de 1968, que se sentía predestinada a cambiar al mundo, impulsada por los cambios sociales experimentados en el contexto global polarizado de la Guerra

Fría. Para los jóvenes de esa época (o generación) el cambio de sociedad era realmente posible y posible también los cambios más radicales
que Salvador Allende implementó en su gobierno: la nacionalización
del cobre, la aceleración de la reforma agraria y la nacionalización de
las principales industrias, sin vislumbrar la enorme resistencia que
puso desde el principio el sector conservador en Chile, que no estaba
dispuesto a perder sus privilegios (Winn, 2013).

A la represión, persecución, muerte, desapariciones y la decepción
inherente al fracaso de la experiencia popular, se suma la sanción quizá
menos estudiada y reconocida[1] dentro de todas las que implementó la
dictadura cívico militar en Chile: El exilio. Ya sea para salvar la vida
o como medida de conmutación de la pena de presidio, el exilio tuvo
como consecuencias, dolor, sufrimientos y daños irreparables hasta el
día de hoy.

Si de invisibilización se trata, dentro de la categoría del exilio, el
papel de la mujer ha sido eclipsado por los testimonios épicos de
los hombres o de los intelectuales, marcando con un doble sesgo
la participación activa de la mujer en el extranjero. A 50 años del
inicio del exilio chileno, es hora de que se revierta esta situación y
se den a conocer otras memorias sueltas (Stern, 2001) que entregan
otras formas de conocer y percibir la violencia y las consecuencias del
destierro.

Las mujeres chilenas en el exilio continuaron con su militancia y activismo político, incluso en situaciones de adversidad idiomáticas y

---

1 En las tres comisiones de verdad –Informe Rettig y Comisiones Valech I y II– re-
dactadas desde el retorno de la democracia en Chile en 1990, ninguna reconoce el
exilio como violación a los derechos humanos. Los exiliados que sí aparecen en los
informes, es en su condición de extorturados o presos políticos y en base a esta categoría han sido compensados.

culturales; pudieron sacar adelante sus familias, postergando en muchos casos su desarrollo intelectual, al tener que aceptar trabajos para los que estaban sobre calificadas. Fueron ellas quienes se preocuparon de la escolarización de sus hijos y también quienes formaron lazos y redes sociales e hicieron grandes aportes en sus nuevos destinos sin descuidar el objetivo primario de la lucha contra la dictadura.

El exilio chileno tras el Golpe de Estado

El Golpe de Estado ocurrido el 11 de septiembre de 1973 significó un hito en la historia de Chile. No sólo por "el fin de un proyecto político de la Unidad Popular" que encabezó el presidente Salvador Allende (Pinto y Garcés, 2005) y su quiebre institucional, sino también por la implantación de una sangrienta dictadura encabezada por el general Augusto Pinochet que duró 17 años –entre septiembre de 1973 y marzo de 1990– y que dejó a su haber más de 40.000 víctimas, de las cuales 3.065 se encuentran muertas o desaparecidas[2].

Tras el golpe, se sumó a la violencia de Estado un movimiento migratorio masivo sin precedentes en la historia de Chile, formado por personas que adhirieron al gobierno de la Unidad Popular y que tuvieron que salir del país porque sus vidas corrían peligro. Desde altos cargos, simpatizantes, cargos de representación ciudadana, hasta personas

---

2 Cifras de la Comisión Asesora Presidencial para la calificación de Detenidos Desaparecidos, Ejecutados Políticos y Víctimas de Prisión Política y Tortura (llamada coloquialmente Comisión Valech II), contemplada en la Ley N° 20.405 publicada el 1 de diciembre de 2009 y creada por la presidenta Michell Bachelet mediante el Decreto Supremo N° 43, publicado el 5 de febrero de 2010. Los resultados fueron dados a conocer el 18 de agosto de 2011. Se creó con la finalidad de abrir un nuevo plazo para el reconocimiento de las víctimas que no se presentaron o no fueron reconocidas por las anteriores: Comisión Rettig (1992), la Corporación Nacional de Reparación y Reconciliación o por la Comisión Valech I (2004).

que poco y nada tuvieron que ver con la militancia política, pero que vieron sus vidas y las de sus familias amenazadas tras el golpe. Este grupo tuvo que cargar con una prohibición de entrada el país que rigió hasta 1988[3].

Con las fronteras cerradas y el transporte internacional suspendido, muchos optaron por refugiarse en distintas representaciones diplomáticas y a menudo vivieron meses dentro de estos recintos. Los militares bloquearon las embajadas que brindaban asilo, pero la Iglesia Católica, algunas iglesias protestantes y organismos tales como la Agencia de Naciones Unidas para los Refugiados (ACNUR), el Comité Intergubernamental para las Migraciones Europeas (CIME), o la Cruz Roja Internacional, lograron salvoconductos y pasajes para que otros pudieran salir al extranjero. Aproximadamente 3.500 personas se asilaron en una embajada, trabajo que no fue fácil, si se considera que tras el golpe cívico/militar se produjo un quiebre en las relaciones diplomáticas con varios países. La salida por esta vía, demandó del desatasco rápido de algunas trabas legales y, por supuesto, del compromiso particular de algunos miembros diplomáticos con el pueblo chileno.

Existe dificultad para ofrecer cifras reales de la población que salió, no solo en 1973, sino a lo largo de toda la década del setenta. Según la Liga Chilena de Derechos del Hombre, fueron 400.000 los chilenos y chilenas que debieron abandonar el país por razones políticas, cifra que duplica a las entregadas por otros organismos. De acuerdo a los datos manejados en 1990 por la Oficina Nacional de Retorno[4] y el

---

3 Esta prohibición se levantó en 1988, meses antes de que Pinochet convocara a una consulta nacional con la intención se perpetuarse por otros ocho años. Para ese entonces, muchos de los chilenos que llevaban 15 años en el exilio se tuvieron que enfrentar a la interrogante de retornar a un país del que no eligieron irse, o afincarse.

4 La Oficina Nacional de Retorno se crea el 20 de agosto de 1990, mediante la apro-

Servicio Universitario Mundial, los exiliados políticos representaban alrededor de 200.000 personas dispersas entre los cinco continentes. Esta cifra del exilio político es cercana a la de la Vicaría de la Solidaridad[5], que registra unas 260.000 personas que fueron obligadas a vivir fuera del país por razones políticas. Sin embargo, a partir de las propias fuentes de la Vicaría, la experta Carmen Norambuena calcula que habrían salido del país 408.000 personas (Horvitz, 2017).

La cifra se ve incrementada años más tarde, cuando se generan los dispositivos de retorno. La Iglesia Católica en 1981 aseveraba que el 10% de la población se encontraba en el exilio, algo más de un millón de personas, basándose en los registros del Alto Comisionado para los Refugiados de Naciones Unidas, ACNUR. El anuncio de la iglesia respondía a la petición de los exiliados políticos de volver al país, o cuando menos, a tener el derecho a transitar libremente con un pasaporte nacional, ya que en el pasaporte de las personas exiliadas se ponía una gran letra "L" que significaba la autorización a viajar a cualquier país en el mundo, excepto Chile (Horvitz, 2017).

---

bación de la Ley 18.994. Entre sus objetivos está el de Estudiar, proponer e impulsar la aplicación de planes, programas y proyectos dirigidos a facilitar la reinserción social de los exiliados que tengan o hayan tenido la nacionalidad chilena, así como de los hijos nacidos en el extranjero de padre o madre exiliados que sean o hayan sido chilenos, que retornen o hayan retornado al territorio nacional. Para los efectos de esta ley, se consideran exiliados las personas condenadas a penas privativas de libertad que obtuvieron la conmutación de esas sanciones por la de extrañamiento, en virtud de lo dispuesto en el decreto supremo N° 504, de 1975, del Ministerio de Justicia las expulsadas u obligadas a abandonar el territorio nacional por resolución administrativa; las que, luego de viajar normalmente al extranjero, fueron objeto de prohibición de reingresar a Chile".

5 Cifras del Archivo y centro de documentación de la Fundación de Documentación y Archivo Vicaría de la Solidaridad (FUNVISOL), consultadas en octubre de 2018 y actualizadas en abril de 2023.

Es posible distinguir varios contingentes de personas exiliadas en la salida masiva del país. El primer contingente es el de los asilados políticos, que se sitúa entre 1973-1974; un segundo contingente entre 1975-1979, que corresponde a los presos políticos expulsados y a los que cambiaron su condena de prisión por extrañamiento, cifras más confiables ya que existen los salvoconductos, los decretos de expulsión y de extrañamiento. Simultáneamente a lo largo de estos años, existió un flujo masivo y constante de exiliados políticos que salieron por su propia cuenta entre los años 1973 y 1976 y que se sostiene en el tiempo, aunque de manera decreciente hasta 1980 y 1983. Estos se ubican en un primer momento en Argentina y Perú esperando ubicar desde allí un lugar donde establecerse, con o sin ayuda de los organismos internacionales preocupados de los refugiados, por lo que se hace difícil cuantificar su magnitud. Entre 1980 y 1990 las salidas de exiliados son episódicas y marchan de acuerdo a los vaivenes de la represión a la resistencia en Chile (Rebolledo, 2010).

La dictadura hizo del exilio forzado una política central de su misión de erradicación de la izquierda. En algunos casos, la dictadura impuso además a un grupo de exiliados, sanciones mayores como la privación de la nacionalidad. A los pocos meses de asumir, el régimen avaló la legalidad del exilio, firmando resoluciones basadas en el Decreto Ley 81 de 1973 y el Decreto Ley 604 de 1974, que facultaba al gobierno de Pinochet para disponer la expulsión o el abandono del país de determinadas personas fueran estas nacionales o extranjeras. Además, se dictó el Decreto 504 de 1975 pactado con organismos internacionales de derechos humanos como ACNUR, CIDE, Cruz Roja Internacional que actuaron conjuntamente con el Comité Pro Paz y luego la Vicaría de la Solidaridad, que permitió la salida de los presos que estaban en los campos de concentración. Desde junio de 1975 se acogieron a este decreto 1.205 personas condenadas por delitos políticos en los tribunales militares y hasta octubre de 1976 se trató de 1.082, lo que equivalía al 90% de las personas[6].

---

6 Cifras de la Fundación de Ayuda Social de las Iglesias Cristianas, FASIC, relacionadas

El exilio fue la pieza central de la estrategia de los militares para obtener y mantener el control del país. Mientras el uso sistemático del encarcelamiento, la tortura, el asesinato y la desaparición era ciertamente más dramático y temido que el exilio, hubiese sido inconcebible para la mayoría de chilenos, para la opinión mundial y probablemente para los líderes mismos del régimen, matar, desaparecer o encarcelar indefinidamente a miles de personas que, como miembros de partidos o sindicatos, o simplemente como votantes, constituían la izquierda chilena.

Con independencia del vaivén en las cifras en el número de personas exiliadas, lo que sí se conoce son los principales países de acogida del exilio chileno. Gracias a acuerdos sostenidos durante el gobierno de la Unidad Popular, que estaban vigentes al momento del golpe, las embajadas a través del sistema de asilo o generación de salvoconductos pudieron acoger a cientos de chilenos. Entre ellas, por orden de importancia, cabe destacar las de Argentina, Suecia, México, Canadá, Perú, Francia y España. Tras el primer año del golpe, hubo movimientos posteriores entre países del exilio. Las personas que se exiliaron en primer lugar en Argentina o Perú, debieron moverse rápidamente, cuando la dictadura se extendió también hacia esos países. Por otro lado, en Europa, problemas de adaptación al idioma y a la cultura, significaron un nuevo desplazamiento de exiliados a países donde se hablaba español y el choque cultural era menor.

Los primeros años fueron caracterizados por una amplia solidaridad de los gobiernos receptores. Esto permitió a los exiliados chilenos reorganizarse y reacomodar su activismo político y continuar organizando acciones que tuvieran por objetivo la denuncia de lo que estaba pasando en el país.

---

con la aplicación del DL/504 sobre conmutación de penas por extrañamiento. Archivo del Museo de la Memoria. Consultado en octubre de 2018 y actualizado en abril de 2023.

La dictadura intentó desacreditar a los exiliados inventando la imagen del exilio dorado, una vida cómoda, incluso lujosa que contrastaba severamente con las dificultades económicas que enfrentaban muchos chilenos en casa. Los exiliados eran denunciados en términos generales como subversivos, agentes extranjeros y renegados antichilenos, responsables de una campaña internacional de calumnia, no contra el régimen, sino contra Chile.

> Cada exiliado es un agente de subversión internacional y todos son responsables de la campaña internacional contra Chile (ministro del Interior, Sergio Fernández, en declaraciones a *La Nación*, 26.11.82[7]).

En el extranjero, al poco tiempo de llegar los exiliados se volcaron a organizar actividades políticas para negarle legitimidad al régimen. Pensando que el exilio se dispersaría, silenciaría y así, neutralizaría a la izquierda, el gobierno militar subestimó el compromiso y la energía de sus enemigos. Un gran número de exiliados trabajó incansablemente para socavar el régimen, creando grupos de partidos políticos, sindicatos, organizaciones de derechos humanos y asociaciones culturales para hacer públicos los abusos de la dictadura, informar a la opinión mundial, juntar dinero y apoyo para la resistencia en Chile.

La mujer en el gobierno de la Unidad Popular

Del contingente que partió al exilio entre los años 1973 y 1988, se calcula que un 30 por ciento eran mujeres. Muchas de ellas habían participado activamente en el gobierno de la Unidad Popular (1970-1973) periodo en que Salvador Allende propició un desarrollo de la mujer importante en Chile, en comparación con el conservadurismo de gobiernos anteriores.

---

7 Curiosa percepción, considerando de quien lo decía, Fernández, hijo de españoles exiliados que llegaron en 1939 en el barco Winnipeg a las costas chilenas, escapando de la Guerra Civil Española.

La participación política de las mujeres en la UP se amplió en diferentes frentes, generando instancias de socialización política que fomentaban la formación y educación de las mujeres. Esto se debió, además, al hecho de que las mujeres populares estaban muy activas dentro de las tomas de terreno en las ciudades y en el establecimiento de los comités de vivienda que se crearon en estos lugares. Las pobladoras tomaron su sitio históricamente en este periodo, luchando por los derechos de ellas y sus familias: pan techo y poder. (Gálvez, 2021)

Aunque entre las 40 medidas de la Unidad Popular el programa de gobierno de Allende no abordaba de manera explícita el problema de la discriminación de la mujer, sí que se incluyeron algunos aspectos importantes hasta entonces ignorados como la igualdad jurídica entre sexos: "En el plano de los sueldos y salarios se eliminarán todas las diferencias entre hombres y mujeres y la mujer casada gozará de plena capacidad jurídica"[8].

El gobierno de la Unidad Popular no pudo excluir en su mentada lucha de clases, una aproximación a la igualdad de género. Así al menos lo recoge este artículo de Vania Bambirra, escrito para la revista Punto Final de junio de 1971, titulado "La mujer chilena en la transición al socialismo". Aunque paradójicamente, se habla de la construcción del "Hombre nuevo" se considera urgente en esta construcción el provocar unas profundas transformaciones sociales, que terminen con la objetualización de la mujer:

Sabemos que en definitiva la creación de un hombre nuevo tendrá que ser producto de una profunda revolución en la superestructura. Sabemos que mientras esto no ocurra se verifica una gran paradoja en el proceso de cambios, porque la transformación al nivel de relaciones

---

8 Programa de gobierno de la Unidad Popular, 17.12.69.

de producción son previas y no se hacen acompañar en el mismo ritmo de transformaciones igualmente relevantes de las relaciones sociales generales. Y siempre es inevitable que, en cualquier proceso revolucionario, coexistan transformaciones profundas en el nivel económico con características sumamente viejas y reaccionarias en las formas más preliminares de convivencia social, como por ejemplo la mantención por un cierto período de la condición de objeto de la mujer. En Chile, en donde no ha habido una verdadera revolución social, sino un proceso de cambios partiendo de la legalidad burguesa, la tendencia a la perduración de instituciones y valores de corte reaccionario es muy fuerte y sólo puede ser contrarrestada en la medida en que realmente éstos pasen a ser objeto de la preocupación y centro de actuación de los sectores más revolucionarios.

El programa de gobierno de la Unidad Popular, incluyó varios aspectos importantes que hasta entonces habían sido ignorados, y aunque el problema de la discriminación hacia la mujer y la concepción de su rol en la vida política-social no se abordó en profundidad, sí se avanzó en temas de igualdad jurídica y equidad salarial entre hombres y mujeres, buscando eliminar todas las diferencias.

> Y serán los trabajadores de la industria los que impidan al mal patrón discriminar en la remuneración que debe recibir la mujer. No sólo será la mujer la que debe defender sus derechos, sino que será la obligación de los trabajadores no permitir, no tolerar, ni aceptar que se la explote más. (Salvador Allende, 1970)

También se hicieron esfuerzos para facilitar un mayor acceso de las mujeres a la educación y la salud, especialmente con las campesinas analfabetas que tenían los mayores indicadores de pobreza en el país. En lo que se refiere al acceso a la universidad, Allende aumentó las becas para mujeres con bajos recursos que contaran con méritos académicos. Hay que mencionar que, aunque las carreras universitarias elegidas por las mujeres tendían a reproducir las áreas tradicionales de trabajo asignadas por la socialización de género –cuidados y educación– gracias a estas medidas, la tendencia comenzó a variar cuando algunas de ellas accedieron a facultades hasta entonces exclusivas para hombres (Maravall, 2012).

En lo que se refiere a la participación de las mujeres en las tareas de gobierno y de representación política, se produjeron algunos avances significativos. En 1970, Mireya Baltra, dirigente del Partido Comunista asumió la cartera del Ministerio de Trabajo, en tanto que Julieta Campusano del Partido Comunista y María Elena Carrera del Partido Socialista, ocuparon cada una un asiento en el Senado. A estos avances y al desarrollo de políticas en defensa de la dignidad de la mujer, al menos en términos de protección social, las mujeres respondieron en las elecciones municipales de 1971, al aumentar en catorce puntos porcentuales (43.6%) el apoyo femenino al proyecto de la Unidad Popular.

> Las experiencias de formación y autoformación se propagaron en diversos lugares, con énfasis en la salud comunitaria, organizada desde la Consejería Nacional de Desarrollo Social, a través de Brigadas de Salud y Responsables de Salud. Las políticas de salud contenían una respuesta integral en relación a la atención infanto-materna a partir de una política de planificación familiar que apuntó a una difusión masiva de anticonceptivos, exámenes preventivos para las mujeres y campañas de educación sexual. (Gálvez, 2021)

Muchas de estas reivindicaciones y medidas pioneras entraron en serio retroceso con el Golpe de Estado en 1973. A la persecución, la represión, la tortura y el exilio, le siguió una represión económica que afectó fundamentalmente a la mujer, con la implementación de políticas neoliberales que aumentaron la exclusión y la desigualdad en el país. Nuevamente en los contextos más adversos, la lucha de la mujer se pudo ver en los años más fatídicos de la represión política, donde salieron a la calle resistiendo con sus cuerpos en manifestaciones de familiares de detenidos de desaparecidos, o paleando el hambre en los años más terribles de la recesión económica, organizando ollas comunes en las poblaciones de todo el país.

Mujeres exiliadas

Muchas veces el relato del exilio se encuentra registrado en clave masculina. Son los hombres, por lo general, intelectuales o con algún cargo de representación que les avala, los encargados de contar en reportajes, artículos académicos, libros de investigación o biográficos, el relato épico del exilio. En esos relatos hay marcas de heroicidad, fechas de hitos importantes, dejando entrever en todo momento el privilegio de ser testigos de la historia (Soto, 1998; Soto, 2013; Vásquez, 2015). Probablemente, la hegemonía de este relato masculino sea producto de la expansión del ideario y la construcción del sujeto de la revolución, concebido como el hombre nuevo, bajo un modelo de masculinidad ejemplar, sacrificial y heroica que, aunque cuestionaba la cultura política de la izquierda tradicional, reproducía las jerarquías de género y sexualidad (Vidaurrázaga, 2007).

Sin embargo, en el relato femenino de procesos traumáticos como las guerras, golpes de estado o el propio exilio, las marcas de la historia positivista quedan en segundo plano para hacer hincapié en la descripción de lo que encontraron, en los afectos y en cómo se siguió cultivando la relación con el país de origen. Los olores, los colores, los pequeños problemas que surgieron en la vida nueva del destierro, afloran con entusiasmo en los relatos de las mujeres del exilio. Como dice la última obra de la Premio Nobel de Literatura 2015, la periodista bielorrusa Svetlana Aleksiévich en su libro *La guerra no tiene rostro de mujer.*

> Todo lo que sabemos de la guerra, lo sabemos por la voz masculina, a través de palabras masculinas. Las mujeres mientras tanto guardan silencio. La guerra femenina tiene sus colores, sus olores, su iluminación y su espacio. Tiene sus propias palabras. En esta

guerra no hay héroes ni hazañas increíbles, tan solo hay seres humanos involucrados en una tarea inhumana. (2015)

En general, también todos los relatos relacionados con violaciones a los derechos humanos son conocidos en clave masculina; práctica que se ha extendido a lo largo de las investigaciones que hablan sobre procesos traumáticos en la historia chilena.

La inclusión de la perspectiva de género en las investigaciones sobre violaciones de los derechos humanos en tiempos de conflictividad militar ha sido tardía cuando no obviada. Esa circunstancia se explica por el peso consuetudinario de la mentalidad androcéntrica en todos los ámbitos del conocimiento universal, en donde tradicionalmente se ha otorgado a la mujer un papel subsidiario. (Maravall, 2012)

El exilio ha tendido a ser conceptualizado básicamente como una experiencia masculina, debido a que la mayoría de las personas con prohibición de ingreso eran hombres y los altos dirigentes políticos del gobierno anterior cuando regresaron impusieron un discurso hegemónicamente masculino que se difundió a través de los medios de comunicación, desdibujando las experiencias de mujeres y niños. (Rebolledo, 2010)

Esta invisibilización de los relatos de mujeres en lo que se refiere a violación a los derechos humanos se extiende a los testimonios del exilio. Una práctica que, aunque es considerada como violación de los derechos humanos, no aparece como tal recogida en ninguna comisión de verdad, elaborada por los gobiernos chilenos.

Creo que el exilio es una violación a los derechos humanos, porque causó una ruptura en la vida de miles de familias. Exiliaron a jóvenes, familias con sus hijos, trabajadores y estudiantes que no pudieron terminar sus estudios o trabajos. Mi familia en particular no pudo regresar antes de los años 90 porque estaban en una lista de nombres de ex presos políticos. Dentro de las familias exiliadas siento que hubo un traspaso de trauma a los hijos, hubo relaciones que no aguantaron el exilio, y muchos tuvieron que repetir estudios o dejar sus títulos para sobrevivir en un país nuevo con un idioma nuevo. Hay casos de suicidio en hombres y mujeres en el exilio que también fueron detenidos y torturados. Otra manifestación de trauma han sido los casos de enfermedades ligados a la tristeza de las situaciones que vivieron en el exilio. La duración de un largo exilio impidió a muchos la posibilidad de volver y quienes volvieron no pudieron integrarse a un Chile y eso causó un segundo desplazamiento. (Ximena Pardo, exiliada en Londres)

Muchas de las exiliadas, al ser requeridas para una entrevista en las que se les pide contar su experiencia del exilio, desisten. Se excusan en que hay demasiado dolor aparcado durante demasiado tiempo, al que aseguran, es complicado volver y escudriñar. Otras, acostumbradas a ser "hijas de" o "esposas de", al principio se sorprenden porque se les requiere a ellas en primera persona, pero luego después de muchas preguntas de filtro, se relajan y comienzan un relato distinto. Un relato que tiene que ver con memorias sueltas, por usar la terminología de Stern, que se entrelazan con la memoria emblemática (2001). Una red de microhistorias inicialmente marginadas del discurso oficial, a través de las cuales se conoce la historia de una comunidad mayor, como una familia, un pueblo o un país.

Con todo el dolor de lo que pasó tras la pérdida de mi hijo, debo decir que estoy harta que durante años, yo sea conocida únicamente como "la mamá de Rodrigo". Tengo un pasado, una militancia, unas razones que explican mi exilio, cuando me fui y ahora. Es hora de que se deje de esconder el relato de la mujer en el exilio y en las violaciones a los derechos humanos en general. (Verónica De Negri, exiliada en Estados Unidos)

Lo que yo vi siempre en el exilio acá fue mujeres, mujeres organizando, mujeres haciendo, o sea, los hombres dirigentes estaban hablando en los mítin, pero la acción correspondía a las mujeres: juntando dinero para la resistencia en Chile, pero también para los mineros que luchaban contra las políticas de la Thatcher, para Amnistía Internacional. Es una forma muy diferente a como hacen activismo los hombres. (Isabel Cortés, exiliada en Reino Unido)

Por supuesto que hay visiones compartidas entre los recuerdos masculinos y femeninos del exilio. En ambos coincide la sensación de caos en el sentido de vivir en permanente ubicuidad –estar aquí y allí a la vez– y también la sensación de dolor que significa el destierro, el desarraigo. Sin embargo, en el modo de reaccionar hay maneras distintas de enfrentarse a ese caos, mostrando las mujeres una facilidad y esmero por asumir que el tiempo transcurrido en el exilio fue un tiempo real –no un limbo– y por lo tanto había que ocuparse de asuntos reales, de asuntos cotidianos. Hubo necesidad de dar respuesta a situaciones concretas de subsistencia material y afectivas, aprender los idiomas ajenos, encontrar trabajo, retomar los estudios, organizar, aunque fuera de modo precario, un espacio donde vivir, enviar hijos e hijas al colegio, enamorarse, casarse, separarse, hacer una nueva red de amistades, y por supuesto, colaborar con las labores de resistencia y apoyo a Chile.

Se tiende a hablar en el exilio siempre de los exiliados ilustres, los intelectuales, nunca de la gente de a pie que son la mayoría. Mucho menos se habla del papel de la mujer en el exilio, sostenedora principal de la unidad familiar en tierra extraña y de la conexión con la realidad, al convertirse en un cable a tierra en el escenario del país de acogida y al desenvolverse más rápidamente en la adaptación.

Con Exiliadas. 50 años de no retorno se pretende contribuir a acabar con esa invisibilidad y contar, desde el caso de conflicto que más conocemos, el chileno, cómo se produjo y se vivió el exilio en las mujeres que tuvieron que emigrar de Chile entre 1973 y 1988, por motivos políticos.

Esta investigación es producto de varios años, desde 2004 hasta nuestros días, con entrevistas a más de 60 mujeres chilenas que partieron al exilio y que se quedaron en sus países de acogida. Esto implicó viajar, visitarlas, entrevistarlas cara a cara para conocer de cerca sus vivencias, experiencias, emociones, en torno a cinco ejes temáticos: Salida de Chile, llegada al país de acogida, familia y relaciones, trabajo y estudios, militancias, la posibilidad del retorno –o no. Pero también, al elaborar las preguntas y organizar a través de estos ejes, se advirtió el uso de algunos dispositivos de memoria que fueron recurrentes para sacar a la luz el trauma en estas mujeres desde el exilio. Por tal razón, la producción literaria y la elaboración de técnicas textiles en las mujeres exiliadas entrevistadas, merecieron un capítulo aparte.

Es importante señalar que la investigación se centró en las mujeres exiliadas chilenas que no volvieron. Y esto es destacable, porque casi todo el relato del exilio chileno está construido en base al retorno. Son quienes regresan quienes cuentan qué vieron en ese otro país, relatan la nostalgia y por lo general su asombro al retornar y ver que el país que dejaron poco tiene que ver con el que encuentran. Pero esa visión deja al margen a quienes se quedaron, quienes tras una larga discusión familiar o una revisión personal de lo logrado, decidieron echar raíces fuera de Chile. De esto se sabe poco y es curioso, porque fundamentalmente la decisión de quedarse fue una decisión defendida por las mujeres. Aquí entonces se muestra otra perspectiva, no mejor ni peor, sino que otra posición del relato del exilio, necesaria en el país de origen para entender sus vericuetos, complejidades y consecuencias.

Una parte importante de esta investigación, entre 2018 y 2019, se hizo junto al fotógrafo chileno radicado en Madrid, Ignacio Izquierdo, con miras a concretar la primera parte de este trabajo de visibilización de las mujeres exiliadas chilenas, que se tradujo en la exposición Exiliadas. Parte de su obra acompaña este libro, además de fotografías del archivo personal de las propias entrevistadas. La exposición se inauguró a principios de marzo de ese fatídico año 2020, por lo que no estuvo mucho tiempo expuesta en el Museo de la Memoria y los Derechos Humanos. En 2022, la exposición viajó por Francia, en 2023 en España y en 2024 retornará a Francia, donde vive el grueso de las personas cuyo testimonio fue recogido. Es de esperar que siga su camino en Chile, país donde se quiere visibilizar esa vida de las mujeres que nunca volvieron.

¿Y por qué no volvieron? Es una respuesta que este libro trata de encontrar a través de sus propios relatos. Tal vez la respuesta recurrente en las entrevistadas tiene que ver con la edad de los hijos, con echar raíces, con desarmar una maleta cuyo interior ha crecido tanto, que cuesta volverla a armar y a cerrar. Pero quienes se sumerjan en las historias de vida, podrán leer entre líneas que, además de los hijos cuando los había, hay una resistencia a no volver a empezar, porque obviamente el trabajo para llegar hasta donde han llegado estas mujeres cincuenta años después, es infinitamente más costoso que el de sus parejas. Olvidar cuesta, pero también duele.

A las entrevistas recogidas por el proyecto *Exiliadas*, la investigadora ha decidido sumar las que ha recopilado personalmente, en largas investigaciones que ha hecho a través de su carrera como periodista, como antropóloga y realizadora de documentales. Desde esas ópticas ha podido comprobar que hay algo en los relatos de estas exiliadas que no volvieron que se mantiene intacto, virgen, como petrificado. Hay orgullo de superación, de triunfo ante las situaciones más adversas, pero también hay orgullo de haber participado de la experiencia del gobierno de la Unidad Popular, el primero en que comenzaron a ser sus derechos, algo más que el papel.

Exiliadas pretende ser un homenaje a esas mujeres cuyas vidas sufrieron profundas transformaciones y para quienes el mundo les abrió las puertas. Los países de acogida, con gobiernos encabezados por socialdemocracias, les ofrecieron una nueva vida que tejieron de diferentes maneras: acompañadas o solas, con o sin hijos, pero con el desafío de romperle la mano a un destino que las condenaba para siempre por su forma de pensar.

Retratos

mujeres exiliadas

Fotografías de **Ignacio Izquierdo**

Emma Landaeta

Mercedes Toledo   Marina Caballero

Mercedes Toledo

Karina Francis

Olinda Mena

Vania Ramírez

Elena Gutiérrez

María Isabel Aguirre

Margarita Meneses

Carmen Rojas

II. La salida de Chile

El exilio significó para las mujeres que apoyaban el proyecto de la Unidad Popular una interrupción forzada de sus vidas y tener que empezar de cero en un ambiente muchas veces adverso y hostil. La mayoría salió precipitadamente del país sin disponer de medios suficientes para subsistir a mediano plazo, unas por iniciativa propia ante el riesgo de ser capturadas y otras al ser expulsadas directamente por la dictadura.

Muchas de ellas habían sufrido la represión a través de los métodos usados por la dictadura para alentarles a dejar el país: despidos y listas negras, cortos periodos de prisión, frecuentemente repetidos y acompañados de tortura, arrestos a miembros de la familia, allanamientos del hogar y hostigamiento en general. Al extenderse estas prácticas, muchas familias se dieron cuenta de que corrían peligro y pensaron que por su seguridad debían salir del país para evitar la prisión o la muerte.

Comenzó entonces, la travesía. Para algunas, el primer destino fue el asilo político en una embajada, entre las que destacaron las de México, Francia, Suecia, Canadá y Argentina. Otras, salieron por sus propios medios cruzando la frontera a países limítrofes como Perú, Bolivia y Argentina, usados como lanzaderas para desde allí emigrar hacia Europa o el resto de América. Algunos lo hicieron en barcos, que zarpaban desde el puerto de Valparaíso, rumbo a otros puertos.

En algunos casos, las mujeres exiliadas debieron salir primero, dejando a sus hijos al cuidado de sus abuelos hasta encontrar un destino estable. En otros, fue el marido el que salió primero y luego se reencontraron en el país de acogida, días o meses después, tras una tensa incertidumbre. En casos extremos, la separación se manifestó desde el principio e irrecuperable y simplemente muchas familias de desintegraron.

En muchos casos, las hijas mayores tuvieron que hacerse cargo de sus hermanos o de sus propias madres cuando, después de la tortura, fueron liberadas para irse al exilio.

> *Una azafata ya algo mayor, bajó del avión para recibir a una seño-ra vieja, destrozada, que apenas caminaba, parecía que estaba recién operada, convaleciente. Nuestra sorpresa para mi y mis hermanos fue mayor al ver que era mi mamá, que entraba por la puerta del avión con destino a Dinamarca (...) Vestía una blusa prestada por alguna compañera y un pantalón que apenas se sujetaba en su cintura. Su hermosura había quedado en las rejas de sus agresores. Mi pobre mamá, hoy se enfrentaba con sus cinco hijos a un nuevo desafío: el exilio en Noruega.* (extracto del libro *Ardilla, los hilos de mi memoria* de Le-andra Brunet, exiliada en Noruega)

Desde muy joven, Ximena Ahumada, militante de las Juventudes Socia-listas, tuvo que cuidar a su madre cuando salió con graves heridas tras ser torturada en un campo de concentración. Lo hizo en Buenos Aires, trabajando en panaderías y haciendo aseo en casas para llevar el sustento al hogar, a su madre y a sus hermanos. Posteriormente, se exilió en Inglaterra, donde pudo estudiar, visitar museos y fue allí donde nació su gran pasión por la pintura. Autodidacta, Ximena dejó la universidad y la academia para dedicarse en cuerpo y alma al muralismo. Su padre, planificador educativo del gobierno de Salvador Allende, que sentó las bases para hacer el Instituto de la Mujer en Madrid, fue la fuente que le inspiró a Ximena en su nueva vida en Sevilla, que rehízo junto a sus tres hijos y su nuevo compañero. Esta vez, uniría el arte y la acción social, algo que hace hasta el día de hoy y que ha sabido transmitir a su hija adolescente.

> *Mi madre estuvo presa y fue torturada en el Lebu, un barco en Valparaíso, mi padre también estuvo en el mismo barco al principio de su periplo por distintos campos de concentración. Cuando mi madre salió intentamos llevar una vida "normal" en Rancagua y entró a trabajar en el Liceo de niñas. Al año liberaron a mi padre y decidió trabajar*

en la resistencia. A mi madre la sacaron del liceo para interrogarla y volvió a estar presa por un tiempo corto, al salir decidió que teníamos que partir al exilio. Nos fuimos a Argentina. En ese momento me di cuenta que había llegado la hora de cumplir con mi deber, como militante de las Juventudes Socialistas de Chile y hacerme cargo de mi familia. Era menor de edad y sin papeles, así que encontré trabajos por horas. Entraba en una panadería a las 5 de la mañana, salía a las 8 y limpiaba casas para una empresa de limpieza donde me pagaban en cash por las horas trabajadas. Mi madre no quería comer, dormía todo el tiempo y cuando estaba despierta, lloraba y se sacaba las costras que tenía en el pecho producto de la tortura. (Ximena Ahumada, exiliada en Argentina, Reino Unido y España)

Estaba terminando mi enseñanza media en Chile y me doy cuenta de que todas las universidades que tenían cine, estaban cerrando por la dictadura, por lo tanto, iba a ser muy difícil que estudiara lo que quería estudiar. Me conseguí un visado a España, país que me brindó una especie de universidad urbana, de mundo y especialmente en Madrid, una ciudad que despertaba y que iba a enfrentarse al posfranquismo, venía la apertura, todo prometía. Las instituciones seguían teniendo el polvo franquista, pero en las calles todo era posible y eso para mí fue mi siguiente politización, después de Chile donde desde chicas habíamos tenido conciencia de clase. (Cecilia Barriga, exiliada en España)

Todas partieron ligeras de equipaje y con el corazón apretado subieron las escaleras del avión desde el Aeropuerto Internacional de Santiago de Chile. Hasta el día de hoy guardan celosamente la foto de recuerdo que hacía el fotógrafo que se encontraba al pie del avión y que muestra rostros cabizbajos y tristes. Los niños y niñas, por lo general, al cuidado de las mujeres exiliadas, aparecen en las fotografías con alguna sonrisa, ya que, en ese entonces, subirse a un avión seguía siendo un hecho importante. Otros rostros no los vemos, aparecen volteados, como si quisieran dar la última mirada.

Alicia Téllez es hija de un republicano español. Su padre, Cónsul de la República Española en Chile, se quedó en nuestro país tras la Guerra Civil Española y creció junto a sus hermanas en el país de acogida portando siempre el rótulo de hija de exiliado. Quizá por eso, cuando el Golpe de Estado en Chile fue una realidad y aún no se apagaban las llamas del bombardeo a La Moneda, la salida hacia el exterior surgió rápidamente, quizá como un reflejo heredado de supervivencia. Sin saber muy bien dónde estaba su marido tras el golpe –el médico de Salvador Allende, Oscar Soto– la joven Alicia –también médica expulsada el día del golpe, de su labor docente en la Universidad de Chile– cogió a sus cinco hijos, un poco de ropa, tres maletas y se embarcó en un vuelo incierto rumbo a México. Asegura que a la incertidumbre del vuelo le sobrevino un aterrizaje extraño: fueron recibidos como héroes, por haber adherido a la Unidad Popular, pero la tristeza era tan profunda, que el recibimiento y las desmedidas atenciones le provocaron pudor.

Aún recuerda los llantos y reclamos de su hija mayor, Paulina, que con 12 años fue la que más protestó por el cambio intempestivo de país. Alicia tenía que guardarse la rabia, vivirla por dentro y ser pragmática en el afán de seguir con lo que se llama una vida normal. Recuerda cómo todo el mundo, desde el portero del hotel hasta políticos mexicanos le preguntaban por el doctor. Nadie por ella misma. Un día salió a caminar por el DF y encontró colegio para sus hijos. En un loco afán por esta normalización, los escolarizó enseguida, a las pocas semanas de llegar y sin todavía saber dónde estaba su marido. La vida en México transcurrió por algunos meses, pero al poco tiempo surgió un nuevo destino: Cuba, al que nuevamente partieron por un año más. Nuevamente acogida, atenciones de las que está enormemente agradecida, pero sin saber muy bien si era el último destino. En Cuba, Alicia trabajó en un hospital, que al poco tiempo tuvo que abandonar porque una de sus hijas enfermó gravemente. Alicia recuerda con horror esa época. Tanto estrés y tensión le hizo perder varios kilos y un vello tupido en su cara que recuerda con horror.

Salimos con lo puesto, literalmente y por supuesto con los niños. Ese avión lo mandó el gobierno mexicano para los técnicos que había en Chile, para la familia Allende y alguna otra gente. Entre esos nos encontrábamos nosotros, los que pudieron tener salvoconducto en esa fecha y salimos con ellos. Estaba Tencha, Isabel, la familia Allende con los nietos. Llegamos a México el 16, sábado, que es el día de México. Entonces, era un poco exótico porque llegamos en plena fiesta y me llamó mucho la atención que cuando bajábamos del avión, nos recibían como a... qué sé yo, como a gente maravillosa, con aplausos, y nosotros no íbamos en ese plan. La Tencha salió vestida de amarillo porque era el vestido que andaba trayendo puesto: el más inadecuado de todos, y nos fuimos al hotel. La hija mayor no quería y no entendía porque nos íbamos, yo tampoco lo entendía mucho porque, al fin y al cabo, Oscar había salido vivo. Pero yo tengo una ventaja y es que soy hija de exiliados, entonces, esto me ayudó a entenderlo mejor después. (Alicia Téllez, exiliada en México, Cuba y España)

Cuando murió Franco, el padre de Alicia pudo volver a España tras 40 años y entonces la posibilidad de asentarse en este país comenzó a tener fuerza. Llegaron nuevamente con lo puesto, pero con algunas redes que les permitieron retomar la labor de médicos a ambos y establecerse en una casa grande, donde los hijos comenzaron una vida nueva.

Una casa llena de otros exiliados, viajeros de paso, de meses, hospitalidad al 200 por ciento. La casa estaba tan llena de gente siempre, que hace pocos años Alicia le preguntó a sus hijos ¿dónde estudiaban? ¿Dónde encontraban ese espacio de privacidad en medio de esta hospitalidad y simulacro de embajada en el exilio en Madrid? La respuesta fue simple: "en el baño, mamá, en el baño". Alicia se emociona cuando piensa en la gran deuda no saldada que tiene Chile con los hijos del exilio que pasaron a ser apátridas y a estar desconectados del país en que nacieron y no reconocidos ni considerados como efectos colaterales de la represión.

Marcela San Martín tenía cinco años cuando su padre desapareció. Tres días antes del Golpe de Estado, el periodista Miguel Ángel San Martín dejó de ir por casa y se atrincheró en los estudios de Radio Corporación, ubicada frente del Palacio de La Moneda. Aguardó esos días junto a su madre Magi y sus dos hermanos en un departamento en Las Condes, un lugar que en absoluto transmitía seguridad, ya que se encontraba solo a cuatro cuadras de la residencia de Allende. Como aún se escuchaban disparos y bombardeos, su madre llevó los colchones y las mantas al pasillo, lejos de las ventanas y ahí pudieron descansar, mientras se informaban de un lugar más seguro para seguir viviendo.

Su padre, que había permanecido escondido junto a sus hermanos, logra saltar la valla de la Embajada de México, que lo traslada al D.F. Su esposa decide seguir sus pasos y aterriza en Perú, donde son recibidos con honores. Las autoridades les habían tomado por líderes socialistas, cuando sólo eran una mujer y tres hijos en búsqueda de su padre. Se reencontraron en La Habana, donde el Gobierno cubano habilitó el Hotel Presidente para acoger a los exiliados chilenos.

A Cuba, le sobrevino finalmente la República Democrática Alemana –RDA–, donde permanecieron cuatro años. Allí Marcela estudió música y se insertó en el colegio que tenía niveles altísimos de exigencia en todas las áreas. Aún con todas las adversidades, aprendió alemán, idioma del que no se olvida hasta nuestros días y que le ha servido en sus múltiples trabajos que ha tenido en España, país donde definitivamente su familia se asentó hace más de 40 años.

En La Habana estuvimos diez meses, y a partir de ahí es cuando recibimos y aprendemos el significado de la palabra solidaridad. Porque de no tener nada pasamos a tener una cama, un baño, comida, desayuno y educación, sanidad. Así, sin preguntarte ni cómo, ni porqué, sino directamente. Nos dieron ropa, nos vistieron, nos alimentaron y esa fue la llegada a Cuba. Y el tener que aprender a vivir con la ausencia de tus seres queridos con seis años ya comencé a vivir las pérdidas. La pérdida de la familia que es lo más importante, la pérdida de los amigos, cuando tú estás recién creando tu red de amigos es cuando se te destruyen, la red de la patria, la cultura... la patria no me gusta (...), tu idioma, tu cultura, tu lenguaje, tu forma de comunicarte y llegas a aprender todo de nuevo. Lo que recuerdo de Cuba además, era que pasábamos enfermos. Lo que tú normalmente pasas cuando eres pequeño, la varicela, el sarampión, lo vas pasando en etapas, nosotros lo pasamos todo en este corto tiempo de diez meses. Además, normalmente era yo la que me enfermaba e iba contagiando a todos los demás. Entonces lo que hacían eran juntarnos a todos, para que todos lo pasáramos juntos y así todo el mundo infectado y no había que andar con susto. (Marcela San Martín, exiliada en Cuba, Alemania y España)

Una vez más a desarmar maletas. Lo cierto es que estas que desarmaron en el pueblo de El Escorial, en Madrid, fueron las definitivas; y aunque los comienzos estuvieron duros, cada uno de sus hermanos logró estudiar e insertarse en una sociedad española que también estaba en profundas transformaciones después de su propia dictadura.

Marcela trabajó 17 años como responsable de la emblemática Sala de Conciertos Sol en Madrid, y su relación con Chile es algo que lleva más bien en el corazón, en vez de visitas frecuentes. Tiene su propia banda sonora del exilio en la cabeza y lo demuestra trayendo a la cita en la que se hizo la entrevista dos elepés que marcaron su exilio: el de Charo Jofré y el de Quilapayún, dos vinilos originales que acompañaron su maletín infantil de mudanzas hasta la adolescencia y que atesora intactos.

El espíritu reivindicativo lo heredó, cómo si no, y ahora se expresa desde una plataforma de profesionales de la música que lidera y que tiene como objetivo visibilizar el papel de la mujer en la industria musical.

Patricia Mayorga trabajaba en la Radio Nacional hasta el día del Golpe de Estado. Militante del Movimiento de Izquierda Revolucionario –MIR–, después de un periodo de ausencia volvió a las actividades políticas hasta que, en 1974, surgió la posibilidad de asilarse en la Embajada de Italia. Esta era la única que todavía no cerraba sus puertas a los asilados porque a principios de noviembre la Dirección Nacional de Inteligencia Nacional (DINA) había lanzado al patio de la embajada el cadáver de la dirigente del MIR, Lumi Videla. Era el motivo por el que las repatriaciones estaban bloqueadas, la Embajada continuaba abierta, y seguían entrando refugiados. Llegó a Italia en marzo de 1975, un período de gran efervescencia sociopolítica, con un movimiento feminista importante y reformas que cambiarían la sociedad, como la ley sobre el divorcio; y años más tarde, en 1981, la ley sobre interrupción del embarazo. Asimismo, por primera vez desde la posguerra, el Partido Comunista Italiano elegiría un Alcalde en Roma, tradicional feudo del poderoso Partido Demócrata Cristiano y el verdadero brazo político del Vaticano que dirigía sin escatimar medios, la vida de los italianos y, sobretodo, de las italianas.

Hasta el 11 de septiembre de 1973 trabajé en la Radio Nacional, de propiedad del MIR, razón por la cual quedé cesante el mismo día del golpe. En noviembre viajé al sur a casa de mi madre donde permanecí hasta mediados de 1974, totalmente desconectada políticamente. De regreso a Santiago me vinculé nuevamente con la organización, pero no a nivel partidario, sino más bien a través de amistades militantes. Sin embargo, no era fácil sobrevivir sobre todo para personas que, como era mi caso, tenían el estigma izquierdista. El miedo atenazaba cualquier tipo de relaciones, incluso familiares, y aunque hasta ese momento nunca había contemplado la posibilidad de abandonar el país, imbuida quizás por esa política suicida que preconizaba "el MIR no se asila", empecé a pensar que quizás mi futuro inmediato no estaba en Chile. Como la mayor parte de las veces las casualidades tienen su razón de ser, un día de mediados de noviembre de 1974, mientras vivía con una señora amiga que debía arrendar su casa porque tenía que viajar al extranjero por motivos personales, llegó un funcionario de la Embajada de Italia en Chile, Cesare Rampioni quién buscaba una casa. Y aunque no la arrendó, me hice amiga de su esposa, Rossana. Prácticamente me trasladé a su casa y un soleado día de principios de diciembre me encerró en el maletero de su auto y así entré a la Embajada de Italia, la única que todavía no cerraba sus puertas a los asilados. (Patricia Mayorga, exiliada en Italia)

Patricia hoy es presidenta Asociación Mundial de Mujeres Periodistas (AMMPE) y ha trabajado para diversos órganos de prensa italianos y extranjeros, entre ellos Paese Sera, Noi Donne, Aidos News, Agencia Ansa, Il Fatto Quotidiano, L'Unitá. Entre sus libros destacan *El cóndor negro*, sobre la Internacional Fascista y las relaciones secretas con el régimen de Pinochet; Michelle Bachelet: la donna del riscatto y Manuel Bustos, un sindicalista en la transición, entre otras publicaciones.

De Talcahuano era Francisca Medel, militante de las Juventudes Socialistas, quien trabajaba como secretaria en la Fábrica de Cementos Bío Bío. Estuvo detenida en la Isla Quiriquina y luego en la cárcel de Tomé, junto a otras sesenta compañeras. Gracias a la intervención de organizaciones ligadas con la iglesia católica en Bélgica, Francisca pudo salir del país.

Después de un largo y doloroso periplo, un grupo de compañeros que también habían estado prisioneros, hicieron las gestiones para recibirnos en Bruselas. Un comité de acogida a los refugiados chilenos que se formó con personalidades del mundo político y social, entregaron visas para las personas que estaban en la cárcel. Incluso, algunas visas de protección. De esa forma llegué a Bélgica. Este país, me acogió y me cuidó en 1977. Me llevaron a Lovaina y un grupo de médicos me ayudó a caminar, ya que producto de la tortura tenía la columna destrozada. Yo muy agradecida, pero al otro día me quería volver a Chile, porque pensaba que esto iba a durar poco. Cuando entendí que iba para largo, me integré a la resistencia en el exterior donde había una gran unidad de todos los compañeros, un frente político donde estaban los principales partidos políticos de Bélgica que dieron becas de estudio para que muchos exiliados pudieran venir a estudiar. Comencé a estudiar francés y gracias a eso, pude ser la traductora oficial de mucha gente que vino a denunciar lo que estaba pasando en Chile, durante la dictadura. (Francisca Medel, exiliada en Bélgica)

María Eugenia Mignot estudió arquitectura en Valparaíso y a partir de entonces desarrolló una actividad militante, particularmente dentro de los movimientos de jóvenes católicos y luego, como estudiante universitaria en el Partido Demócrata Cristiano. Tras la elección de Allende, se distanció del PDC y participó activamente en el gobierno de la Unidad Popular a través del MAPU. Después del golpe, ella y su marido, Yves Mignot, se exiliaron en Francia, donde terminó sus estudios de arquitectura y renovó su compromiso político. Regresó a Chile por primera vez en 1986. María Eugenia trabajó como arquitecta en el cabildo del siglo XIII y en otros proyectos en el Gran París. Actualmente, está jubilada y es miembro de la protección de la naturaleza y el medio ambiente en Francia (2015-2020) y por segundo periodo (2021-2026).

Me echaron de la Universidad como a la semana siguiente del golpe y de la empresa portuaria donde trabajaba. A partir de entonces, la represión funcionó como en círculo, llegó a nuestros amigos, compañeros de partido, todos presos. Rápidamente supimos que nos iban a tomar detenidos, mi marido a pesar de que era ciudadano francés, fue a abrir el Colegio Francés cuando los militares dieron la orden de abrir los colegios y yo estaba con permiso prenatal, entonces cuando llamaron a todo el mundo a presentarse al lugar del trabajo, yo no fui, porque dije, estoy con permiso prenatal, por suerte que no fui porque tomaron presos a mucha gente y en particular a las mujeres se las llevaron a la Esmeralda, el barco de la marina chilena que se usó como centro de torturas. Mi marido estaba en contacto con el Embajador, quien nos asiló en la embajada durante tres semanas. El bebé que estaba esperando tenía que nacer en el mes de octubre y no nacía, por lo que no podíamos salir. Entonces, nació la hija, una chica y nos vinimos cuando me sacaron los puntos de la cesárea. Me sacaron de la casa del embajador en su auto para llevarme a una clínica privada donde entré con un falso nombre y de ahí volvimos a la embajada, donde esperamos que me sacaran los puntos; y a los ocho días tomamos el avión y nos fuimos a Francia. Los franceses nos recibieron con los brazos abiertos, y estuvimos en buenas condiciones en lo cotidiano, pero no así psicológicamente ya que habíamos recibido un golpe en la cabeza muy fuerte. Pero llegamos con una bebé de ocho días y había que ocuparse, alimentarla, cuidarla, era nuestra primera hija. (María Eugenia Mignot, exiliada en Francia)

Marta Hormazábal esperó un poco más y junto a su marido alemán, colaborador en lo que fue el proyecto Synco, conocido popularmente como "La internet de Allende", resistieron en Chile. Sin embargo, el clima de represión les asfixió y decidieron partir a Alemania a principios de los años ochenta.

Me veo como una emigrada por las circunstancias, por el proyecto común de haber constituido una familia, por la sensación de impotencia y frustración bajo una dictadura aplastante, necesitábamos aire de libertad, esperanza. Sentía que entre "aguantar y sufrir" y emigrar, aunque tuviera un costo humano, podría aprender otro idioma, participar de otra cultura y proporcionar a nuestros hijos un "techo" mas normal, que el ambiente de restricciones, censura y miedo que se vivía en Chile en aquellos años, así que nos fuimos. (Marta Hormazábal, exiliada en Alemania)

En los testimonios importa poco si la situación que llevó a las mujeres a abandonar el país fue exilio por persecución personal o autoexilio derivado de una persecución que afectaba a sus cercanos. Aquí lo que importa es que en todos los relatos se vislumbra una situación de hastío, miedo y represión que hacía imposible continuar con sus proyectos vitales.

III. La llegada

La llegada intempestiva a países con diferencias radicales en la cultura y en el idioma hizo que las exiliadas y sus familias sufrieran procesos de adaptación. Sin embargo, la situación de estas personas fue distinta dependiendo del país de acogida. En Francia, por ejemplo, los exiliados chilenos fueron recibidos por el gobierno de Georges Pompidou, con una carta de bienvenida que dispuso para los refugiados chilenos un sistema de asignación de casas *(foyers)*, ropa, escolarización para los niños, inmersión en el idioma francés y en algunos casos, la búsqueda de un trabajo similar al que desempeñaban en Chile: la solidaridad de los partidos políticos franceses, no se hizo esperar. No obstante, el dolor del intempestivo desarraigo persistía en la memoria de los chilenos, más cuando podría decirse que las casas de refugios donde se destinaba a los chilenos más bien constituían un ghetto.

> *Nuestra llegada a Francia fue difícil. El 17 de enero de 1974 llegamos a Orly y nos trasladaron a un albergue en Choisy Le Roy, comuna en las afueras de París. Ese día sentí un frío que atravesó mi cuerpo, el frío de París, gris, y el frío del exilio. Pero tuvimos la suerte de ser enviados después al sur de Francia, a Nimes, donde viví 6 años. Ahí conocí el Mistral, el sol y el Mediterráneo, los gitanos, la Camargue y las fiestas al estilo español. Escondí dentro de mí el destierro, intentando, gracias a la ayuda de los que nos acogieron y fueron de una solidaridad increíble en Francia, olvidar y adaptarme a mi nueva vida. Los compañeros del partido socialista francés, los de partido comunista o del partido radical de izquierda, los profesores que nos enseñaron el idioma, los amigos que estuvieron allí, fueron fundamentales cuando necesitábamos apoyo moral y material.* (Elsa Santander, exiliada en Francia)

Nivia Alarcón partió al exilio desde Chile y llegó a Francia en 1985 junto a sus dos hijas después de un breve exilio en Argentina. Ha trabajado como auxiliar de enfermería y siempre ha colaborado en acciones de resistencia, primero, en la dictadura chilena y luego, para preservar la memoria del exilio chileno. Hoy se dedica a la creación artística a través de sus arpilleras, pero también a través de su guitarra y sus canciones. La guitarra se la ganó en curiosas circunstancias. En la población donde vivió durante 10 años en la clandestinidad como militante del MIR, una bala perdida de agentes de la dictadura, mató a un joven. Hicieron una rifa para solventar los costes de su entierro y se ganó el premio que era la guitarra. Hoy desde Grenoble en Francia, redescubre ese instrumento, para cantar la memoria del país que dejó y de sus amigos que cayeron en la lucha.

> *Cuando nos comunican que tenemos que abandonar Argentina, porque ya no era seguro, nos dieron a elegir entre tres países, entonces elegimos Francia, porque había palabras que se parecían. Me parece que fue, no me acuerdo si Suiza o Alemania, pero al final fue Francia. Pero como era por un tiempo, porque nosotros íbamos a volver a Chile a seguir trabajando, nos fuimos a Francia y llegamos a París. Llegamos a Paris, a Sant Vitó, a un foyeur que se llama San Vitó y de ahí nosotros... bueno yo me enfermé, estuve en el hospital dos semanas, y cuando salí nos dieron a elegir, había compañeros de San Vitó, que yo conocía por el MIR, y nos dieron a elegir tres ciudades: Grenoble, Bui Gambré y Chamberí. Entonces los de Sant Vitó me dicen: compañera, elija Grenoble y les pregunto yo, ¿pero por qué? Ah, me dijo, después me lo va a contar, cuando nos veamos y nos fuimos en la camioneta, que también tengo una arpillera de la camioneta. Y cuando veníamos en la autopista, pasamos a dejar a compañeros que no eran chilenos, nosotros éramos los únicos chilenos porque ya no quedaban exiliados, pasamos a dejar a los compañeros kurdos, nosotros éramos los últimos en la ruta. Y cuando íbamos en la carretera empezamos a mirar y le digo a mi compañero ¿viste adelante, la montaña? Y me dice, sí. Ah, entonces le dije, ¡eso era lo que el compañero de Sant Vito quería decirme, era una sorpresa, porque se veía toda la cadena de montaña, que eran los Alpes, pero para mí era la Cordillera de los Andes!* (Nivia Alarcón, exiliada en Francia)

Su hija Antonieta, ve la misma situación bajo el cristal de la niñez, un cambio que, al principio, no le gustó para nada. Antonieta es bordadora, poeta y muralista, tiene un estudio artístico en Grenoble. Su investigación se centra en *la resistencia de las mujeres y las mujeres en resistencia*, pensando la violencia de género, una actividad que continúa perfeccionando año a año y, últimamente, contando su experiencia de vida como niña del exilio, a través de una "conferencia gesticulada" que representa en centros culturales y sociales de la zona. Fue Teniente de Alcalde (concejala) a cargo de las políticas culturales y la igualdad de género en Saint Martin d'Hères. Es madre de dos niños y actualmente dirige talleres artísticos con jóvenes y grupos de mujeres.

> *Me acuerdo cuando llegamos aquí en Grenoble con mi papá y mi mamá, en una camioneta, veníamos de París y teníamos que bajar hacia el sur, que es Grenoble y me acuerdo de haber dormido y que desperté y vi las montañas al llegar, muy grandes, muy bonitas. Era el mes de marzo entonces todas las montañas tenían nieve. Esto me dio una sensación de tranquilidad, pero sabiendo que llegábamos a un espacio que no era conocido. Y llegamos después a la Villeneuve, que es un barrio de Grenoble que es un tremendo barrio que hay mucha gente y llegamos con esos edificios que son de 15, 17 pisos. Y yo sentí como que se desapareció algo, como que la naturaleza ya no estaba aquí conmigo, sentía como que los edificios me estaban comiendo. Y no me gustó, no me gustó para nada. Luego llegamos al 110, esa era la dirección, llegamos a un departamento que era inmenso, muy grande, y llegamos con mi hermana, yo me puse a correr por todas las piezas, a mirar y era un poco extraño, ese momento para mi fue muy extraño porque yo estaba ganando algo, pero perdí mucho en ese momento.*

Anteriormente señalada, María Eugenia Mignot, describe que la solidaridad francesa con el pueblo chileno, no solo se manifestó en los albergues, sino también en ayudar especialmente a las mujeres a encajar en el sistema, continuar estudios e insertarse laboralmente.

Empecé rápidamente, me inscribí para seguir cursos de francés porque yo hablaba un poco francés, pero no hablaba perfectamente y me inscribí en la escuela de arquitectura para poder sacar el título en Francia. Me convalidaron todo, el único curso que tuve que hacer el Derecho de la Construcción, obviamente en Francia. Tuve muy buena acogida en la escuela con los compañeros de curso que habían escuchado y visto de Chile, compañeros de izquierda, fueron muy buenos anfitriones, había una compañera que hablaba perfectamente el castellano que me ayudaba para la traducción del curso en particular de la construcción. La obligación de hacer talleres, en Chile hice varios talleres de arquitectura, me dijeron, la ponemos en un taller de arquitectura y el profesor de arquitectura me dice, usted ha hecho muchos más talleres de los que se ha hecho acá, entonces me dijo póngase de inmediato a hacer su Diploma. Fue un tipo maravilloso, me acogió muy bien hasta mi diploma, después quedamos de amigos. Los cursos habían empezado a fines de septiembre con un poco de retraso, me hicieron pasar para el examen oral y me dieron tiempo para que me adaptara y di mi examen y preparando mi proyecto de título. Ya estábamos en el 74, y tocó la coincidencia que el profesor de Derecho de la Construcción fue también presidente de la Federación de la Liga de los Derechos del Hombre, muy sensibilizado por lo que había pasado en Chile, y un detalle que me ayudó, fue que cuando me echaron de la Universidad, en los certificados que mi madre pudo conseguirse, me pusieron "esta alumna fue expulsada por razones NO académicas", en pocas palabras te echan porque no eres floja, te echan por otra cosa, no especifican. Como todos los certificados habían sido traducidos, para presentarlos al ingreso de la escuela de arquitectura en Francia, eso fue evidentemente como una especie de pasaporte.

Muy a temprana edad llegó también a Francia, Blanca Sánchez, quien siguió a su hermano que había partido al exilio antes, a la ciudad de Grenoble. Tenía escasos 17 años, pero en Chile ya había participado en acciones políticas en su liceo a través del FER, el Frente de Estudiantes Revolucionario, un semillero del MIR. Agradecida de la solidaridad francesa, reconoce que los comienzos para una adolescente no fueron fáciles, a la barrera idiomática y la impotencia de no poder comunicar sus emociones en su idioma, se sumó un sentimiento de temprana frustración.

> *Estuve mucho tiempo aislada. Me quedé encerrada en mí. No quería salir, además llegué en un tiempo en que hacía mucho frío. De a poquito, empecé a salir, entré a la universidad, me propusieron un curso de francés, psicólogos y ahí tiré para arriba. Así fue como después de un año, empecé ya un poquito a hablar, ya me empecé a soltar un poquito, pero para mí era todo negativo. Todo era negativo, todo lo encontraba inodoro, incoloro e insípido. Tuve un rechazo con esta cultura, muy grande. Otro choque fue darme cuenta de que no iba a poder volver a Chile durante la dictadura, ese fue un balde de agua fría muy grande. Cuando me dieron el salvoconducto, cuando hice mis papeles chilenos, me autorizaban a entrar a todos los países del mundo salvo Chile. Eso fue terrible para mí. (Blanca Sánchez, exiliada en Francia)*

María Antivilo, original de la oficina salitrera de María Elena, llegó al exilio junto a su esposo e hijos a Burdeos en 1975, después de una estancia en Argentina, que terminó con el Golpe de Estado en ese país. En Francia, se instaló junto a su familia en un *foyer*, refugios especializados que tenía el estado francés para acoger al exilio latino-americano.

> *Era difícil la convivencia en un refugio, pero al final todos nos las arreglábamos para comer, para cuidar los niños, para hacer las tareas. Al mismo tiempo entre los chilenos, nos juntábamos para organizar peñas, vender empanadas, lo que fuera para enviar dinero a la resistencia en Chile. Lo recuerdo como muy solidario ese periodo y hoy hago algo más o menos parecido participando activamente de la asociación Francia- Chile Aquitania. (María Antivilo, exiliada en Francia)*

En Suecia, la situación fue parecida a Francia. Responsable de la salida y el asilo de unos 1.300 chilenos fue el embajador de Chile en Suecia en el momento del golpe, el diplomático Harald Edelstam, quien refugió en las dependencias de la embajada sueca a familias completas, a quien les abrió las puertas de la delegación diplomática para vivir allí mientras eran tramitados los salvoconductos de los perseguidos políticos. Incluso rescató de la intervenida Embajada de Cuba en Chile a los refugiados que se encontraban allí y tramitó sus asilos para que también pudieran a emigrar a Finlandia, con la complicidad del único embajador europeo que le ayudó en esa hazaña. La llegada de los más de 5.000 chilenos perseguidos políticos fue un asunto de estado para el socialdemócrata Olof Palme y la inserción de los exiliados fue facilitada por la política de inmigración que tenía el gobierno de Suecia en esos años, que brindaba las condiciones materiales para la rápida inserción.

Después de muchas idas y venidas, Elena Gutiérrez se quedó en Suecia. Militante del Partido Comunista, en 1975, su marido fue detenido por el Comando Conjunto[9] y tras la persecución política, estuvieron refugiados en casas de militantes, hasta que la Vicaría de la Solidaridad les consiguió un salvoconducto a Suecia; cuenta que la mayor barrera a la llegada fue la idiomática y prescindir de la red de afectos familiar.

> *Al no tener familia directa aquí, nuestros amigos de izquierda, se convirtieron en nuestra familia. Y en Suecia mucho más, porque la barrera idiomática era muy difícil de sortear. Comunistas, socialistas, ámbito MAPU, Izquierda Cristiana, MIR, todos por sobre nuestras*

9 El Comando Conjunto fue una organización clandestina de inteligencia de la dictadura militar chilena, que persiguió y ejecutó a opositores del régimen de Augusto Pinochet. Operó entre 1975 y 1976, periodo en el cual secuestró, torturó e hizo desaparecer al menos a treinta personas, casi todas ellas dirigentes del Partido Comunista de Chile. Funcionó bajo el alero de la Dirección de Inteligencia (DIFA) de la Fuerza Aérea de Chile (FACh), pero también tuvo en sus filas a integrantes del Ejército, la Armada, Carabineros y civiles que habían pertenecido al grupo paramilitar de extrema derecha Patria y Libertad.

diferencias logramos unirnos y formar lo que pasó a ser nuestra familia acá fuera en el exilio. Nuestros hijos les llamaban tíos y hasta el día de hoy, porque realmente eso era una familia. Lo que nos pusimos a hacer inmediatamente de llegar fue organizar manifestaciones para denunciar la dictadura en Chile, qué sé yo, marchas, entregar documentos a la comunidad sueca para que ellos supieran en qué situación estábamos. En todo caso, la comunidad sueca fue muy generosa y participaban de nuestras inquietudes. Nos apoyaron enormemente. El "Venceremos" pasó a ser como la canción nacional porque todo el mundo la cantaba. Ellos vibraban con nuestro proceso y nos ayudaban mucho. El mayor trabajo que hacíamos era tratar de recaudar, juntar fondos para que fueran enviados a Chile y que la gente que tenía que vivir en forma clandestina pudiera subsistir. (Elena Gutiérrez, exiliada en Suecia)

Karina Francis, educadora, militaba en las Juventudes Comunistas y había viajado a la ex Unión Soviética a estudiar Agronomía. El Golpe de Estado le sorprendió regresando de aquella experiencia y rápidamente al constatar la represión y persecución de los miembros de su partido, se exilió en Suecia. Intentó volver a vivir en Chile, pero finalmente regresó a Suecia a trabajar en el ámbito de la educación con niños. Desde el barrio de Sollentuna, donde se escucha a menudo el acento chileno en sus calles y edificios, Karina cuenta que fue muy difícil iniciar un retorno incluso, tras jubilarse.

Es muy difícil volver a vivir en el Chile de hoy, donde las políticas neoliberales han destruido todo por lo que luchamos en el gobierno de la Unidad Popular. Hay toda una generación que encontró ese rechazo en Chile, y el Estado se desentendió por completo, creo que el país entero tiene una deuda con quienes partieron al exilio. (Karina Francis, exiliada en Suecia)

Hoy Karina es dirigente de la Red europea de chilenos por los derechos cívicos y políticos, una instancia que dio voz y voto a los chilenos en el extranjero a partir del año 2017, y en el último tiempo, se ha dedicado a investigar la red de bebés chilenos robados en dictadura que fueron vendidos durante el régimen militar y hasta muy entrada la democracia, principalmente en Estados Unidos y Suecia.

Olinda Mena, militante comunista en el momento del golpe, fue detenida dos veces: en 1973 y en 1984. Pero eso no fue lo peor, la represión mató a su compañero en 1979 y su hermana desapareció en 1976, su hermano estuvo en los centros de tortura de Tres y Cuatro Álamos y detuvieron a su hijo mayor en 1984. La llegada a Suecia fue un proceso lento, de llegada y a la vez, acogida del trauma. "Me daba igual donde estuviera, aún tenía en mi mente las terribles situaciones por las que había pasado en Chile".

> *Lo que viví en mi primera detención lo he contado a los tribunales que investigan a los derechos humanos y delante de las comisiones de verdad. Me violaron varias veces, entre torturadores y luego con perros. Fui la primera mujer que denunció este tipo de violaciones que sufrimos muchas compañeras, aunque a esto se opusieron incluso los gobiernos de la Concertación, tratando de alargar los pactos de silencio y proteger en este sentido a los torturadores. Me entristezco de pensar en que a la última persona a quien confesé mi tortura fue a mi hija, al principio no tuve valor para hacerlo. (Olinda Mena, exiliada en Suecia)*

Vania Ramírez tenía nueve años cuando acompañó al exilio de sus padres, dos pedagogos de militancia comunista que fueron expulsados de Chile a Suecia.

> *Aunque era muy pequeña, tenía plena conciencia de lo que había pasado y mi madre en cuanto llegamos a Suecia, me preparó desde un principio para que nuestro activismo no muriera en la resistencia y también para la vida misma. Y digo esto, porque pareciera que ella lo hubiera sabido con antelación, ya que, al cabo de dos años de exilio, murió de un derrame cerebral. Cuando se leen las cifras de víctimas e informes fríos de la represión a veces no se contabiliza el dolor de los familiares que tuvieron que soportar la trágica desaparición de sus*

parientes. Esto le pasó a mi madre y también a mi abuela cuyo corazón no resistió el encarcelamiento de mi padre. (Vania Ramírez, exiliada en Suecia)

Flora Villalobos, hija de Luis Villalobos, alcalde de Chuquicamata durante la Unidad Popular, recuerda que cuando sus padres se exiliaron en Suecia, fue su madre quien la llevó a aprender sueco cuando llegaron a Estocolmo.

> *Vivíamos en un campamento chileno por lo que no teníamos problemas de comunicación, pero fue mi mamá la que insistió y aprendimos juntas sueco en tres meses, lo que facilitó completamente mi integración.* (Flora Villalobos, exiliada en Suecia)

En Bélgica, también se contó con un plan de acogida que permitió a los exiliados chilenos reinsertarse, facilitándoles la continuación de estudios para las personas que los tenían en Chile, y ayudándoles a la reinserción en el idioma. Sandra Fernández, militante del MIR, pudo continuar sus estudios de diseño en Bruselas, país al que llegó en 1977, después de intentar trabajar en Chile tras la desaparición de su marido en 1973.

> *Intenté quedarme en Chile, pero yo estaba un poco desfasada con la gente que estudiaba, los jóvenes eran muy apolíticos y muy insensibles. En la vida laboral, hice unos cursos de dibujo técnico y empecé a trabajar para el periódico "La Estrella" y los publicistas vendían anuncios a los comerciantes. Los anuncios consistían básicamente en alabar a la Junta de Pinochet, a los Carabineros, a las Fuerzas Armadas por cualquier motivo. ¡Y yo tenía que hacer esto! Maquetar los anuncios, tipearlos, era bien penoso. Sentía que se iba cerrando la cosa. Luego en la universidad terminé, porque eran cursos que duraban tres años y quise dedicar mi memoria a mi marido, pero me llamó el rector y me dijo que si quería titularme no podía hablar de detenidos desaparecidos.* (Sandra Fernández, exiliada en Bélgica)

En Noruega, el estado benefactor abrió las puertas a los chilenos del exilio, acogiendo a nacionales principalmente en las ciudades de Berger y Oslo.

Cuando llegamos, nos dieron una casa para mi mamá y mis hermanos. La casa tenía unos muebles que había que armar, pero los vecinos nos ayudaron. El gobierno nos escolarizó y nos enseñó el idioma. Nos dio apoyo psicológico también. Era raro cuando llegamos a la casa que nos dieron, venía a visitarnos una asistente social y les parecía muy raro que nos ducháramos todos los días. Nos dijeron que eso no era bueno para la piel. (Leandra Bruner, exiliada en Noruega)

Nolvia Domínguez es exiliada chilena desde hace 35 años en Noruega. Militante del MIR, perdió a su marido a los pocos días del Golpe de Estado y estuvo presa en el Cuartel Borgoño, donde fue víctima de graves torturas. Gracias a la mediación de instituciones internacionales, llegó a Oslo con su pequeño hijo de 8 años donde se volcó en actividades de resistencia. Después de un intento fallido de volver a Chile en 1989, Nolvia decidió montar su propia empresa de jardines infantiles en Oslo.

Aprendí mucho de los niños y creo que la mejor terapia que he tenido han sido mis cabros. Yo creo que tenía tanto amor que dar, que quedó frustrado cuando yo no pude volver a Chile y aquí, se lo volqué a mis cabros chicos. (Nolvia Domínguez, exiliada en Noruega)

Hoy está jubilada, pero regentó hasta hace poco dos parvularios en la capital noruega, porque la educación es su gran pasión, un amor que ha traspasado a su hijo, que es quien sigue la tradición en la familia.

Distintos movimientos sociales en torno a la Solidaridad con Chile para con los perseguidos, plataformas compuestas por ciudadanos chilenos residentes en el extranjero, agrupaciones de derechos humanos y organizaciones de cooperación internacional dieron la primera acogida a los exiliados. Ello significó un apoyo fundamental para iniciar un nuevo proyecto vital fuera, sin el que difícilmente las exiliadas hubieran podido sobrevivir. En algunos casos, en los mismos aeropuertos de destino, Comités de Bienvenida las recibieron con las manos abiertas ocupándose de sus necesidades más inmediatas. Esto amortizó un tanto el desarraigo, pero a su vez generó una actitud distinta en la asimilación del proceso que venía, estableciéndose diferencias entre las reacciones de hombres y mujeres. Mientras los exiliados chilenos tenían las maletas hechas detrás de la puerta, las mujeres sospechaban que el exilio no sería cosa de unos meses y tan siquiera de algunos años.

> El sentido práctico femenino, su necesidad de ponerle anclas a la vida y amoblar el cotidiano de sus familias derivado de su responsabilidad en la reproducción las hizo ubicarse más rápidamente en el país del exilio. (Rebolledo, 2010)

Para ellas, la experiencia del destierro fue dura, pero prefieren no hablar del tema, y "aparcarlo" en su memoria, de manera tal de seguir adelante en cuestiones más prácticas, que exigían respuestas más inmediatas.

> *Mi marido vivía otra realidad, otro mundo. Él siempre hablaba de volver a Chile, como si estuviéramos aquí de paso y se deprimía constantemente si alguien decía lo contrario. Yo a partir del primer año lo empecé a tener claro; teníamos que aprender el idioma, buscar trabajo en lo que fuera para insertarnos en esta sociedad que no esperaba darnos todo en bandeja.* (Amanda Fernández, exiliada en Italia)

Otro rasgo característico del exilio de las mujeres, fue su capacidad para ponerse "manos a la obra" en la tarea de la resistencia, organizando eventos para visibilizar el problema chileno en el exterior, y a partir de esto, recaudar fondos para enviar a los partidos políticos que estaban en la clandestinidad en Chile.

Fuimos las mujeres chilenas en el exilio las que organizábamos eventos, cenas, peñas, para recaudar fondos para a la resistencia. Mucho discurso por parte de los hombres, pero éramos nosotras las que pasábamos a la acción. (Ana María Flores, exiliada primero en la RDA y luego en Madrid)

Esta actitud esquiva de las mujeres exiliadas para abrirse a contar su relato sobre la experiencia del exilio o contarla desde el anonimato, puede explicarse además por el hecho de que ellas desean olvidar, también, el trauma de la ruptura con la pareja que en muchos casos significó el exilio. Las mujeres exiliadas privilegian en sus recuerdos los aspectos positivos de la experiencia del exilio: el poder tomar decisiones por sí mismas de manera autónoma –en muchos casos, por primera vez– o valorar lo que ellas mismas construyeron, casa, amistades, un mundo para sus hijos y minimizan u "olvidan" el precio que pagaron por ello, tales como el desarraigo, la postergación profesional y en algunos casos, el divorcio (Rebolledo, 2010).

Ahora mi madre puede hablar de esto, de hecho, quiere, pero en su momento no, porque la partida de Chile fue muy dolorosa y en nuestro caso estuvimos en Cuba y en la RDA antes de venir a Madrid. Pasamos pellejerías, en especial ella que salió de Chile con nosotros, yo y mis dos hermanos. Mi madre tuvo el coraje de salir una y otra vez adelante con tres niños. No la recuerdo quejándose, pero sí la veo en fotos y su cara lo dice todo. Hasta el tono de la piel le cambió de estar en permanente tensión. (Marcela San Martín, exiliada en Cuba, Alemania y España)

Verónica Álvarez sabía hablar inglés desde los 11 años, ya que su padre en el norte de Chile había trabajado con compañías británicas. Por eso, cuando a su marido se le aplicó el Decreto Ley 504, con la pena de extrañamiento, ella decidió acompañarle al exilio e hizo esfuerzos porque fuera un país anglosajón. Así llegaron a Londres, una sociedad en la que Verónica se desenvolvió a sus anchas y se siente hasta el día de hoy agradecida de la acogida que le brindaron los políticos británicos, en especial los del Partido Laborista. Ir a Inglaterra para Verónica no fue un choque cultural sino todo lo contrario, una tranquilidad llegar a un país generoso, educado, aunque reconoce que en esa sociedad multicultural persisten manifestaciones de racismo encubierto. Y es que Verónica conoció muy de cerca esa mezcla de culturas en la capital británica, ya que se dedicó durante años a la enseñanza del idioma inglés para personas extranjeras. Hoy jubilada, compatibiliza su vida cultural con su afición por la literatura y la escritura. Asiste a un taller literario, donde ha producido varias novelas y relatos que hablan sobre su vida en Chile.

> *Llegamos a Londres y después nos trasladaron a otra parte de Gran Bretaña, y allí teníamos casas sociales y nos amparó una institución que se llamaba el Chile Solidario Campaign. La campaña de solidaridad por Chile, que muy fuertemente estaba apoyando el Partido Laborista. Pero eso no significa que no había liberales y conservadores apoyando, porque hay gente bastante buena en Inglaterra. Entonces, ellos también nos apoyaban con su discurso por los derechos humanos. Entre ellos muchos actores, muchos intelectuales y académicos que estaban muy interesados en el caso chileno. Porque como siempre, Chile, es un laboratorio de experimentos democráticos. Y lo seguimos siendo.*
(Verónica Álvarez, exiliada en Reino Unido)

Juani Colque se exilió primero en Argentina, con sus hijos y su esposo, con dos de sus hijos y un tercero que quedó al cuidado de su madre. Intentó volver en 1986, pero no pudo aguantar el coste de la vida y se quedó en Londres. "Chile era carísimo y, además, no tenía con quien dejar a los niños, no tenía una red de apoyo que compatibilizara con mi trabajo".

> *Si es que cuando llegamos acá, buscamos irnos a provincia un poco porque le tenía mucho respeto a la cuestión de la droga y ya eso se veía acá en las poblaciones donde podríamos haber ido a vivir. Llegamos*

a un hotel, donde llegaban todos los refugiados. Sí, había chilenos, paraguayos, uruguayos y bueno, la cosa para mí era una oportunidad de poder, además de dar en todo lo que significaba la solidaridad con lo que allá quedó. Tratar de buscar un trabajo con lo que yo hacía. Pero nos fuimos a provincia porque aquí agobia esta ciudad tan grande y tenía temor por mis hijos. Había visto mucha inseguridad, no era bueno para nosotros. Prefería la provincia, yo vengo de provincia en Chile. Ahí llegamos en el mismo 77, felizmente encontré un trabajo en enero del 78. Distribuía mi tiempo y mi energía lo mejor que podía, entre los trabajos de solidaridad y mi trabajo en el laboratorio. Así es que después llegó Nicolás y llegó Pauli también, que tenía la misma edad de Nicolás. Vivimos la huelga de los mineros aquí en Inglaterra, al mismo tiempo que hacíamos nuestros trabajos de solidaridad con la gente que estaba en Chile. En ese tiempo había un proyecto muy lindo de un cura en los cerros de Valparaíso. Él tenía una escuela adosada a la parroquia, donde trataba de enseñar manualidades a los chicos del área, un sector bastante pobre. Así que tratábamos de cooperar a él, monetariamente. Por lo tanto, hacíamos nuestros eventos, y así se te van los años, ¿no? mostrando a tus hijos, llevándolos a todo, a donde pudieran apreciar esa solidaridad que es en realidad lo que nos salva. La solidaridad internacional que se mostraba en cada acto, en cada detalle. Los ingleses tenían acá una campaña de solidaridad con Chile, y es así como se fueron los años y los niños fueron creciendo. (Juani Colque, exiliada en Reino Unido)

Ximena Pardo nació meses después del Golpe de Estado y cuando tenía dos meses de edad, tomaron presos a sus padres, fueron llevados a los campos de tortura de Tres y Cuatro Álamos. Por gestión de Amnistía Internacional, dejaron salir primero a su madre después de dos años y se asiló en la embajada británica. Por gestión de la *Trades Union Congress*, la central sindical de Inglaterra y Gales, su padre fue liberado al tiempo después y se unió a ellas en Inglaterra.

*Crecí con una idea nostálgica de Chile, casi romántica con el can-
cionero de Inti Illimani o Víctor Jara, que convivían con las imágenes
violentas de lo que estaba pasando en Chile. Fue bien raro eso.* (Ximena Pardo, exiliada en Reino Unido)

Mercedes Toledo, profesora de Historia que enseñaba en la carrera de
pedagogía de la Universidad de Chile, ha viajado por los climas más
diversos en su largo exilio. Vivió ocho años en Finlandia, pero al no
gustarle para sus hijos, la vida que se llevaba en esta socialdemocracia
con política de acogida de refugiados, ni el clima que implicaba en
invierno muy pocas horas de luz, decidieron continuar el exilio 30
años en Mallorca. Desde Jerez de la Frontera, al sur de España, ciudad
donde ella y su marido pasan la jubilación, recuerda lo duro que fue
salir de Chile hacia Finlandia, tras refugiarse en la embajada.

*Pasas del verano al invierno finlandés que es del fin del mundo, al otro
fin del mundo. 40 horas en avión con una niña de 2 meses, y asumir
que estás presa, aunque no estés en una cárcel. La llegada realmente se
produce cuando tú te das cuenta de que te ha cambiado la vida, cuando
no te recibe mucha gente en el aeropuerto, cuando te ves sola. Llegaron
unos jóvenes comunistas a recibirnos y nos llevaron a un campamento
que estaba muy aislado, a cargo de la Cruz Roja y ahí estuvimos poco
más de dos meses, hasta que fuimos a Tampere. Los finlandeses estaban
muy organizados, no habían recibido nunca refugiados políticos, era
un país que no tenía casi inmigrantes, entonces, tenía casi muy poco
contacto con otras realidades. Pero fueron muy eficientes, nos dieron un
apartamento universitario, a Iván le dieron un trabajo en el hospital,
nos buscaron una guardería para la niña y así funcionaba la vida.
Nos pusieron clases de finlandés.* (Mercedes Toledo, exiliada en
Finlandia y España)

Cristina Alarcón ha compartido toda una vida junto al guitarrista
chileno Eulogio Dávalos. Por eso, cuando a Eulogio le avisaron que su

nombre estaba en las listas negras, rápidamente conversó con Cristina la posibilidad de salir del país, con sus 7 meses y medio de embarazo y la pequeña Dafne de 3 años. Poco antes de partir y durante un año, había estado escondiendo a militantes comunistas en un departamento de su propiedad cercano a la casa familiar. La situación se hizo insostenible y aprovechando que el compañero de dúo de Eulogio, el argentino Miguel Ángel Cherubito vivía ya junto a su familia en Barcelona, decidieron partir en marzo de 1975. Cristina aceptó a regañadientes la sociedad de acogida, porque recuerda, era muy distinta a la actual en lo que a costumbres se refiere. Pero poco a poco fue buscando un lugar y gracias a la solidaridad de amigas chilenas que vivían en departamentos cercanos a su casa, pudo comenzar a trabajar y ganar ingresos. Su primer empleo fue la venta por catálogo de ropa, a lo que vino después la venta en boutiques de Barcelona.

> *El catalán es muy cerrado, frío aparentemente, pero recuerdo que la sobrina de Rafael Alberti, que era vecina mía, me dijo: mira Cristina, el catalán cuando te abre las puertas es para siempre. Yo eso lo comprobé personalmente con José María, que era el dueño donde alquilábamos el piso. Él nos abrió sus puertas, nos acogió, fuimos prácticamente los primeros inmigrantes del barrio y eso exigió que nuestros propios vecinos también, entendieran que éramos más cariñosos y cercanos. A mí me criticaban porque cuando hacía el cumpleaños de las niñas invitaba a todos los niños de la escalera y me decían, ¿tú estás loca? Yo digo, no, porque en mi país la gente celebra los cumpleaños más que los santos y mis hijas no tienen familia acá. Se han criado solas, sin primos, sin tíos, sin nada. Entonces, yo en ese sentido las arropaba mucho, muchísimo. Y la mujer catalana es diferente en su educación para con los niños, más fría. Nosotros los sudamericanos, en ese sentido, siempre hemos sido mucho más solidarios, no sé, somos diferentes, vivimos los problemas de los demás. (Cristina Alarcón, exiliada en España)*

Las mujeres ya no se quedarán silenciadas o esperando la aprobación de la pareja para continuar sus vidas. Ese germen de consciencia de sus derechos acunado en la Unidad Popular no se extinguirá en el exilio. Todo lo contrario, crecerá y se verá validado internacionalmente en 1975 año designado por Naciones Unidas como el Año Internacional de la Mujer, donde la Asamblea ve necesario reforzar el reconocimiento del principio de igualdad entre hombres y mujeres de hecho y de derecho[10].

10 El 18 de diciembre de 1972 la resolución 3010 de la Asamblea General de Naciones Unidas proclama el año 1975 como el Año Internacional de la Mujer.

IV. Familia, maternidad y relaciones afectivas

Existen factores que explican las rupturas familiares o las separaciones entre parejas que partieron al exilio. Por una parte, se encuentran las parejas a las que el Golpe de Estado sorprendió en situación no consolidada, vale decir, el proyecto de vida en pareja no estaba muy claro y el golpe precipitó esta decisión. Otras parejas no supieron sobrellevar experiencias tan fuertes como la represión o la tortura. Otra causa obedeció a la situación anteriormente descrita de independencia de las mujeres que acompañaron a sus parejas al exilio y se encontraron en el país de acogida con sociedades en las que estaba recién manifestándose el movimiento feminista, lo que les hizo "abrir los ojos" y explorar los beneficios de esa independencia.

> *De cada diez parejas de exiliados latinoamericanos que llegaron a Canadá, siete se separaron. Muchas mujeres venían de hogares muy conservadores, donde tenían que pedirle permiso al marido hasta para comprarse un vestido. Aquí llegaron y se encontraron con una sociedad que estaba viviendo uno de los movimientos feministas más fuertes de la época y eso afectó muchísimo en el proceso de autonomía de esas mujeres e influyó en las rupturas matrimoniales.* (Ana Dobson, exiliada en Canadá)

> *Hubo matrimonios chilenos que se separaron porque las mujeres comenzaron a generar sus propios ingresos y eso a sus maridos no les gustó. Ahora, también aquí en Suecia muchos hombres abandonaron a sus familias por sentirse atraídos por las mujeres suecas y viceversa.* (Flora Villalobos, exiliada en Suecia)

En España, el contexto de acogida de las mujeres, que llegaron a finales de los años setenta, no fue tan distinto al de las demás exiliadas chilenas. España estaba viviendo la transición a la democracia, después de 40 años de dictadura nacionalcatólica. Se estaban produciendo profundas transformaciones, que tendrían que desembocar en una mayor autonomía para las mujeres españolas, ancladas durante años a un conservadurismo que las obligaba a exaltar su función reproductora, teniendo como máxima aspiración el cuidado de sus hijos y de la casa. Al principio, algunos resabios de esa España oscura impactaron a las exiliadas chilenas.

> *Nada más llegar en 1977 a mi me impactó que muchas mujeres mayores en Madrid, vestían de negro, como ahora uno se imagina a algunas mujeres en los pueblos. También me impactó la pacatería con que se llevaba en público una relación de pareja en esos años. Recuerdo que tuve un novio español y cuando íbamos en el metro, lo abrazaba o le tomaba la mano y él me decía suéltame mujer, que estamos en público. Para mí esas muestras de afecto en público eran completamente normales en Chile.* (Pilar Santana, exiliada en Madrid)

Sin embargo, esta situación fue cambiando en los primeros años de la transición, al punto de avanzar en cuestiones que llevaban años anquilosadas en la sociedad española. Para las exiliadas chilenas, encontrarse en una situación de igual a igual en la pareja en una sociedad menos conservadora, al menos en lo que se refería al mundo laboral, les abrió un mundo de posibilidades que en algunos casos no tenían en Chile.

La legislación que autoriza el divorcio en España se aprobó en 1981, equiparando la normativa española a la de otros estados europeos y fue la principal transformación que se dio en el campo de los comportamientos sociales en España. Otra fue el aumento del nivel educativo y socioprofesional, principalmente el de la mujer, lo que se revela, por ejemplo, como un factor positivo esencial en el desarrollo de comportamientos igualitarios (Cabrejas, 2004). Posteriormente en 1985, ya en el gobierno socialista, se aprobaría la ley del aborto, que despenalizaba la interrupción del embarazo en tres supuestos: riesgo grave para la salud física o psíquica de la mujer embarazada, violación y malformaciones. Esta aprobación, aunque restringida, significó una verdadera revolución en la mujer y un cambio en la concepción de los procesos de salud reproductiva en España.

Hay casos de mujeres chilenas que se exiliaron motivadas por las dificultades en el plano de los cuidados; ya que las madres que criaban en solitario, solían carecer de una red familiar para cuidar a niños y niñas, si estaban tildadas de izquierdistas.

Por ejemplo, en 1973, Marina Caballero era una joven entusiasta del programa de gobierno de la Unidad Popular. Se encontraba estudiando Derecho cuando vino el golpe que le sorprendió separada y con una hija de pocos años. Intentar estudiar después fue imposible, porque el trabajo se volvió escaso y Marina ya estaba señalada con el dedo por su filiación a la izquierda. Ante la escasez y la desesperación, un día llamó a su hermana que vivía en Barcelona y le comentó que la situación en Chile era insostenible, ante esto, su hermana decidió enviar a Marina y su hija dos pasajes de avión para comenzar una nueva vida en Barcelona.

La dictadura significó que interrumpiera mis estudios de derecho en la Universidad de Chile, y ante el panorama de persecución, decidí autoexiliarme en Barcelona, donde ya vivía mi hermana. Aquí trabajé de todo. De chacha, de quiosquera y hasta de encuestadora, era difícil salir a trabajar y dejar sola en casa a mi hija de siete años. Le tenía que decir, no abras la puerta a nadie, dejarle comida fría, por temor a que no encendiera la cocina, etc. Fue muy duro, porque tuvo que madurar muy pronto, hasta el día de hoy eso me produce dolor. Finalmente me quedé con el trabajo de encuestadora, para una empresa que pretendía descubrir el comportamiento sociológico de una sociedad que despertaba de la larga noche de la dictadura. En muchos casos, eran otras mujeres quienes me abrían la puerta de su hogar para ser encuestadas, y aunque comenzábamos a hablar de tendencias políticas, me terminan confesando la gran represión que aún vivía la mujer en España, a finales de los años setenta. (Marina Caballero, exiliada en España)

Llegué a vivir en una especie de comunidad en El Escorial, con artistas plásticos, actores, que eran magníficos, pero llevaban una vida precaria. Yo llegué muy joven y además fui madre a muy temprana edad, con lo cual, podría decirte que me sentí bastante desarraigada en los afectos, porque hasta muy tarde, después, conocí el modo en que funcionaba la familia española. Es decir, estaba en España, en esa España que aún estaba con la dictadura, pero no fue hasta mucho tiempo después cuando tuve una pareja española, donde conocí el sistema familiar. Pero te diría que a mi siempre me ha faltado el arraigo de familia, no lo tuve en Chile, por la situación de ruptura que se desencadenó a partir del Golpe de Estado, pero no la tuve tampoco después con mis parejas. Sólo lo tengo ahora con mis hijos, que, por cierto, fueron apátridas durante mucho tiempo. (Betzie Jaramillo, exiliada en España)

El tema de los hijos era una responsabilidad exclusiva de las mujeres, más aún cuando recién se llegaba al exilio. Muchas sienten remordimientos por haberles dado un papel secundario a sus hijos e hijas, supeditando la crianza a un fin mayor que era el de la lucha contra la dictadura[11].

Siento que la mayor deuda de Chile con el exilio es en torno a los hijos. Durante mucho tiempo fueron apátridas, la noción de Chile que tenían la construyeron sobre nuestros recuerdos y ya cuando había que volver, era demasiado tarde. Chile tiene una deuda pendiente con los hijos e hijas del exilio. (Alicia Téllez, exiliada en México, Cuba y España)

---

11 De la crianza de los hijos en el exilio se ha tratado mucho en la filmografía documental chilena, se sugiere ver los documentales: Calle Santa Fe (Carmen Castillo, 2007) y El edificio de los chilenos (Macarena Aguiló, 2013).

Giselle Lagos se fue a Europa con su madre cuando tenía 10 años. Desde Mons, Bélgica, cuenta cómo fue la salida vista con los ojos de una niña. Su madre, que la acompaña en la entrevista, no quiere ni hablar del tema. Aún cuando han pasado más de cuarenta años.

A mi papá lo habían tomado preso así que así llegó la noticia de que teníamos que viajar. Cuando eres niña, no te das cuenta de muchas cosas, lo que uno sabe es que tienes que salir, que a lo mejor no vas a volver, pero todo se toma como un juego. Para mí era un viaje lejos, pero nunca pensé que no íbamos a volver. Bueno después poco a poco se fueron desarmando las cosas de mi casa, vendiendo las cosas para poder viajar, me imagino. Llegamos a Santiago y luego todo fue como un sueño. En la mente de una niña es algo que nunca lo había pensado, que vas a tomar el avión, que vas a salir, el hecho de encontrarse en un avión y luego en un país donde no conoces el idioma y no conoces a nadie, era un poco perturbador. (Giselle Lagos, exiliada en Bélgica)

Ana María Pelusa llegó a Londres en los años setenta. Se puso rápidamente a trabajar y escolarizó a sus hijos, a quienes les inculcó el respeto por los derechos humanos y el activismo.

Llegué a Inglaterra con cuatro hijos, tres hombres y una mujer. Les enseñé primero que nada, a cocinar, a lavar su ropa a manito, ya, a zurcirla por si se rompía y les expliqué claramente de que nuestra familia, sus amigos y nuestro pueblo estaban sufriendo en Chile. Y nuestra labor, la mía, era ganarme el pan para llevarlo a la mesa, pero también denunciar lo que estaba pasando en Chile. Y la de ellos, estudiar, ese era su trabajo y participar de las actividades que nosotros hacíamos. Mis hijos salieron, gente con ideas muy progresistas, muy feministas. Yo tengo hijos que no van a ir, aunque estén solos, a ir simplemente a tener una relación con una mujer porque según ellos, eso sería usar a una compañera. Van a respetar a las compañeras, mujeres, ya sea de izquierdas o de derechas, es una mujer y se respeta. Es lo que les enseñé. Y si ellos me dicen hoy en día, mamá, nosotros éramos hijos que se criaron solos, hijos de una mujer sola y no salimos malos (ríe). Porque claro, aquí cuando había problemas con la juventud, decían ah, eso era porque eran madres solas y porque estaban viviendo de la seguridad social, qué sé yo. Pero para mi tranquilidad mis hijos me dicen mamá, vivimos solos porque usted estaba todo el día trabajando o militando y nos criamos solos y no salimos ni delincuentes, ni nada. Y eso es muy importante porque la sociedad siempre le echa la culpa a la mujer que está sola. Ese es un problema de la sociedad, no es un problema de la madre sola. (Ana María Pelusa, exiliada en Reino Unido)

El trauma del exilio que vivieron las infancias se percibe en sus relatos.

Llegué a los cinco años y era la primera niña refugiada en Southampton, eran puros adultos. Muy rápido aprendí el inglés y traducía a mis padres y a los exiliados. Este evento del exilio marcó toda mi vida, el hecho de ser rechazada de un país con mucha violencia me generó muchos trastornos de identidad. En ese momento se sentía el racismo, era algo muy fuerte cuando estaba la Thatcher que estaba haciendo lo mismo que Pinochet en Chile. También fue muy duro dejar a mi padre en Argentina y fue muy fuerte porque eso significó la destrucción de la familia. (Isabel Cortés, exiliada en Reino Unido)

Bárbara Mancilla, hija de Cecilia, militante del MIR, confiesa que no se acuerda de nada cuando llegó a Francia con cinco años en diciembre de 1983.

Sólo me acuerdo de que todos estaban aplaudiendo en el aeropuerto. Ir a la escuela en un país que no conocía ni el idioma, fue duro y me di cuenta cuando una niña comenzó a hablarme en francés y yo no entendía nada. Aunque fue cruel la experiencia, eso me obligó a aprender más, aunque había profesores que le decían a mi madre: su hija aprende rápido el francés, pero nunca va a conseguir sus objetivos, porque es una hija de inmigrante y llegó hace poco. Esas son cosas que te quedan en la cabeza, y que ahora también es un poco duro porque uno tiene que seguir luchando para aprobar, sí, demostrar a la gente que uno no es hijo de inmigrante, es una persona que se está construyendo, que vive en Francia y que puede hacer cosas más fuertes también. También es duro lo de no sentirse ni francesa ni chilena. Cuando voy a Chile me tratan de gringa, aquí en Francia soy francesa, pero me dicen tú no eres francesa, se ve en tu cara, ¿de dónde vienes? Hoy solo puedo decir que soy una ciudadana del mundo pero con una raíz en Francia, porque bueno, hace 35 años que estoy aquí pero tengo igual mis raíces en Chile, tengo a Chile en mi corazón. Cuando hago cosas con mi mamá, con todo lo que las asociaciones que hay aquí en Chile, en Francia, es para Chile. Y bueno, eso es una cosa que queda en el corazón. (Bárbara Mancilla, exiliada en Francia)

Ximena Pardo, en Londres desde muy pocos años, confiesa que no tiene memorias de Chile. Todos sus recuerdos son un cúmulo de relatos que se entrecruzan con las pocas noticias que llegaban desde Chile y con la solidaridad inglesa, gracias a las que podían subsistir, ella, su papá y su mamá.

Mis padres me llevaban mucho a reuniones y había un grupo que se llamaba Chile Solidaridad Campaing. La comunidad se reunió mucho alrededor de eventos, que era eventos solidarios. Entonces, me tocaba ir dentro de esos espacios uno absorbía toda la información de lo que estaba pasando en Chile. Estar consciente de lo que estaba pasando en Chile, como desde chiquitita, pero también el aspecto cultural. Yo conocía canciones de Inti Illimani, Quilapayún. Mi papá era parte de un grupo de música, que se llamaba Caliche, entonces ellos iban a universidades, tocaban música en muchos eventos solidarios y me tocaba ir con ellos. A lo mejor crecí con una idea un poco nostálgica de cómo es Chile por la música, la poesía. Pero también por el otro lado, las imágenes de la violencia de lo que estaba pasando. Entonces era, yo sentí que era, me sentí very conflicted, como chiquitita. Porque, tener esta imagen de una persona que está matando a gente, y tú lo puedes ver en muchos de los dibujos, creo de los niños que llegaron. Yo me recuerdo que dibujaba sobre cómo puedo matar a Pinochet, y lo hacíamos. Jugábamos a eso cuando éramos chicos, y uno no es muy consciente en la forma en que jugábamos cuando éramos niños. (Ximena Pardo, exiliada en Inglaterra)

Alexandra Koren es hija de exiliados chilenos en Noruega. Llegó con siete años a la zona costera de Bergen a finales de los años ochenta, desde Punta Arenas. Confiesa que fue duro para ella vivir entre las dos culturas.

La presión desde la sociedad que encontré al llegar aquí me decía: tienes que ser noruega, tienes que ser noruega. Para ser noruega tienes que olvidarte de tu otro, de tu otra parte. Mientras que en casa era, no, aquí vamos a mantener el idioma, tú vas hablar el español, afuera puedes hablar noruego. Aquí puedes hablar en español, aquí te vamos a enseñar a bailar cueca y vas a comer empanadas y aquí vamos a escuchar los discursos de Salvador Allende en cada 11 de septiembre, y aquí vamos... Entonces esto de la cultura muy fuerte y de la responsabilidad cívica y de comprender desde dónde veníamos, y comprender la lucha, era súper importante en el hogar. Y yo no tenía ganas de abandonar eso, esa cosa me daba estabilidad, me daba seguridad. Pero por el otro lado, sentía el rechazo, no puedo ser yo, no puedo traer todas mis cosas porque tengo que ser noruega. ¿Qué significa ser noruega? ¿Ser rubia de ojos azules? Bueno, eso no lo soy. Hablar noruego, sí, fantástico, yo lo hablo muy bien. Soy parte de organizaciones, soy parte de la cultura, pertenezco, tengo a mis amigos acá. Voy a la escuela, pero algo faltaba ¿no? Entonces, ahí cuando eres adolescente y estás buscando tu identidad, desde dónde soy. Porque ya mi español era medio extraño, no sonaba totalmente chileno, decía palabras extrañas, no podía decir palabras, no podía decir Irarrázaval, cosas así pequeñas por ejemplo, no me salían bien. Entonces, se iba borrando un poco la memoria y esta nueva memoria que estaba creando, no me estaba gustando. Esto de asimilarme a una cultura que no me pertenecía. En lugar de integrarme ¿no? porque la integración se supone que son las dos culturas en una y creas tu propia cosa. Pero para poder hacer eso, después de la secundaria opté por irme de Noruega y me fui a vivir a Londres. (Alexandra Koren, exiliada en Noruega y Reino Unido)

Hoy después de perfeccionarse veinte años en Londres, volvió a Oslo para dedicarse a sus dos pasiones: la terapia y el teatro. Tanto caló su experiencia como hija de exiliados, que, inspirándose en el teatro de la memoria que conoció en Inglaterra, está investigando en historias del exilio que puedan traducirse en una experiencia sobre las tablas.

Patricia Jirón tenía quince años cuando su padre, el exministro de Salud de Salvador Allende estuvo detenido en Isla Dawson. Lo recuerda como unos días de horror, además por la incertidumbre que cubría a toda la familia, porque en su colegio también pasaba lo mismo con familiares de sus compañeros. Recuerda haber tenido muy de cerca y haber compartido la impotencia y el dolor al conocer casos cercanos de desaparición, tortura y muerte. Durante la detención de su padre, se quedaron con su madre quien trabajaba en la Contraloría General de la República y que tuvo que trabajar de taxista, haciendo traslados en su auto hasta el aeropuerto. La familia acordó aceptar una invitación del alcalde de la época de Caracas para ir a vivir a Venezuela y tratar de hacer desde allí una nueva vida. Allí estudió psicología, en la Universidad Central, una universidad realmente pública, donde cuenta, igual opción de estudiar tenía una persona muy pobre que la de una clase acomodada. Con el tiempo, sus padres se separaron y volvieron en diferentes etapas, a vivir a Chile.

Mis padres vivían muy pendientes de lo que estaba pasando en Chile, con mucha angustia. Yo creo que nunca más volvieron a estar, nunca pudieron desconectarse de Chile y de todo lo que habían vivido, vivir situaciones tan duras, tan complejas como un exilio, esto puede unir a una pareja o puede separarla porque aguantar tanto estrés juntos, eso, o te une o te separas. En el caso de mis padres, se separaron porque, además, mi hermano pequeño sufrió un cáncer bastante grave cuando tenía 10 años. Y esto fue algo pues que aún impactó más en lo que fue el sufrimiento de la familia y la pareja, en este caso, no aguantó. Al final ellos terminaron cada uno haciendo su vida por su lado, en Venezuela, porque todavía no se daban las condiciones para volver a Chile. (Patricia Jirón, exiliada en Venezuela, Suecia y España)

Patricia partió a vivir unos meses a Suecia y luego a España, donde estudió tres años en Madrid una especialización en Cooperación y Desarrollo. De allí saltó a Barcelona, donde se casó y tuvo dos hijos. Desde el año 2000 Patricia trabaja como psicóloga en un centro que ayuda a personas que han sufrido violaciones a los derechos humanos, lo que se ha ampliado en el último tiempo, al trabajo con personas que han sufrido violencia de género.

Trabajo con mujeres que en sus países de origen son profesionales y cuando vienen –en este caso, aquí a España– pues pasan a lo último de la escala social. Tienen que trabajar en lo que encuentran mayormente que es cuidado de tercera edad o limpiando casas. Esta es una situación que es muy frustrante y que causa muchísimo dolor en las personas exiliadas. Porque, porque es a nivel de identidad y de recuperación de las vivencias traumáticas, pues hay cómo una sensación de no ser valorada y de no tener oportunidades de poder ser, tener un rol similar al que tú tenías en tu país de origen. O para lo que tú has estado esforzándote, preparándote y trabajando en tu vida anterior.

Carole Concha nació en Santiago en 1974 y llegó a Cambridge, Reino Unido, en 1975 con unos padres muy jóvenes. Su abuela paterna les recibió con sus dos tíos y dos tías que tenían entre 12 y 16 años. La situación era dramática, su abuelo aún seguía preso en Chile y se tuvo que hacer una campaña para que lo liberaran en 1976. Carole ahonda en los dolores del exilio y en sus efectos sobre la segunda generación, porque asegura, gran parte de esa tristeza fue en parte, heredada. Abiertamente, cree que el exilio es una clara violación de derechos humanos y debería considerarse, dice, seriamente esto y sus consecuencias sobre las nuevas generaciones.

> *Los niños exiliados no tienen influencia en la expulsión de su país de origen, pero comparten el destino y el distanciamiento de sus padres. Son desterrados de sus países, sus redes, sus raíces y sus vidas quedan trastornadas. En el exilio empezamos desde abajo, a menudo en la pobreza y dependiendo de la bondad del Estado que nos recibe. Los padres luchan por aprender el idioma del país anfitrión y, a menudo, se enfrentan al racismo. Desterrar a las personas de sus hogares y redes es un abuso de los derechos humanos que trasciende generaciones porque a menudo el vínculo nunca podrá restablecerse. (Carole Concha, exiliada en Reino Unido)*

Aunque reconoce los esfuerzos de sus padres por tratar de que exilio no tuviera grandes repercusiones, cree que la peor opción, fueron los silencios.

> *Crecí viendo a mi abuelo, que fue torturado, luchar con sus demonios. El silencio en torno a su historia hizo que esto fuera aún más terrible. El cabeza de familia se vio afectado, lo que a su vez afectó a todos los demás. Mis padres hicieron todo lo posible para protegerme de la verdad, pero me enteré a través de mis propias investigaciones de lo que les pasó a mis dos abuelos y de las desapariciones de mis tíos y tías. Toda la comunidad que me rodeó mientras crecía había pasado por algún tipo de violencia política y supongo que debe haberme afectado porque ahora estoy enferma con episodios de depresión.*

Pero hay otras hijas de exiliadas que convirtieron la experiencia del exilio en un detonante para sus carreras y trataron de compensar la desigualdad de su destino exiliario ayudando a otros. Verónica Dávalos es abogada civilista y activista en la defensa del derecho a la vivienda como derecho fundamental. Desde su despacho ubicado en el barrio obrero de Horta en Barcelona, reconoce que formar parte de la Plataforma de Afectados por la Hipoteca (PAH) desde sus inicios, le ha ayudado como persona. Una iniciativa que se puso en marcha en plena crisis de España en 2008, para atender a quienes se quedaban sin hogar, al no poder hacer frente a su hipoteca. Verónica viajó a Barcelona en el vientre de su madre con 7 meses y medio de gestación, en 1975, cuando su familia tuvo que exiliarse porque la dictadura perseguía a su padre, el guitarrista Eulogio Dávalos, por su filiación al Partido Comunista y sus responsabilidades en el programa cultural de la Unidad Popular. Verónica creció con el concepto de solidaridad a flor de piel en su casa, una verdadera embajada cultural en el exilio. Desde pequeña se implicó en las acciones de resistencia en las que veía a Cristina, su madre junto a su hermana Dafne, que llegó a Barcelona con tres años. Por eso, a nadie le extrañó que desarrollara su activismo a través de sus estudios de derecho y ahora, en esta década que continuara en esa línea defendiendo a las personas que perdían su hogar.

> *Cuando estudiaba Derecho tenía muy estructurado que yo –así se lo vendí a mi marido– recuerdo que le decía, cuando tenga 50 me dedicaré a los Derechos Humanos. Primero voy a posicionarme y a los 50 años sólo voy a hacer derechos humanos. El otro día, me lo recordaba, me lo sacaba en cara, me decía tú me has mentido, tú ya has empezado a los treinta y pico como activista de los derechos humanos. Y bueno, es que uno lo lleva en la sangre y eso hace que te muevas en esa esfera. Va marcando, cuando sale todo el movimiento de lo que es el tema de las viviendas, la problemática española que ha habido con el tema de las viviendas. El otro día justo, hace unas semanas se lo explicaba a una clienta, que me decía ¿y tú por qué tú te has dedicado*

a esto? Bueno, lo que yo he vivido no ha sido el desahucio de una casa sino un desahucio de un país, que te desahucien de tu país, y esto hace que te marque todo. Porque ya no es que pierdas tu casa, sino que pierdes absolutamente todo, te despojan de todo, solo por pensar distinto, por tener unas ideas políticas diferentes. (Verónica Dávalos, hija de exiliada en España)

Lídice es la hija menor de Luis Villanueva, militante socialista y maestro de la Universidad de Concepción, quien partió al exilio a México en 1974. Se afincó en la ciudad de Guadalajara, donde perfeccionó sus estudios de magisterio. Fruto de una nueva relación nació Lídice, quien desde pequeña tuvo consciencia del pasado militante y activista de su padre. Estudió la licenciatura en Psicología, la maestría en ciencias sociales y en terapia Gestalt. Actualmente se dedica a dar psicoterapia a personas adultas y a dar talleres, conferencias, seminarios y charlas sobre temas como violencia de género, salud mental y específicamente, aspectos de la violencia digital. Acompañó a su padre en la conmemoración de los 50 años del discurso de Salvador Allende en la Ciudad de Guadalajara en el auditorio de esa casa de estudios de donde había egresado. Esa conmemoración sirvió de dispositivo para que ella reconstruyera en la entrevista, aspectos del activismo que fue dándose cuenta, había heredado de los discursos en el exilio de su padre. En la entrevista se le pidió que llevara algo vinculado con Chile y trajo un pato tallado de madera nativa del sur, objeto al que había vinculado la memoria de lucha de su padre. Al profundizar en la conversación, Lídice se fue dando cuenta de que la violencia que le había significado a su padre la salida del país, la canalizaba ayudando a otras mujeres a protegerse y a estar atentas de conductas de control y vigilancia.

Me di cuenta que muchas de las violencias están presentes en todo lo que hacemos hoy, que el teléfono era una herramienta más para una persona que quería hacer daño y tener control sobre otra. Por eso me he especializado en violencia digital. No sé si mi búsqueda del equilibrio y la justicia, tiene que ver con lo que mi padre pasó cuando se tuvo que ir de Chile, ya lo iré descubriendo, pero creo que ese sentido de la justicia y del feminismo ha estado presente siempre en mi familia. (Lídice Villanueva, hija de exiliado en México)

Maternidades complejas

El exilio implicó desigualdad de condiciones para las mujeres que vinieron con hijos, o que tuvieron descendencia en el extranjero. No se trata sólo de los contemporáneos duelos migratorios. No sólo de eso. A la experiencia del desarraigo y de la falta de una red familiar y afectiva, hay que sumarle el hecho de haber pasado por procesos de violencia política como la tortura, la detención, la persecución, traumas que no afloraron inmediatamente, sino que se fueron postergando y cuyas manifestaciones aparecieron con el tiempo. No obstante, la experiencia de la maternidad para las exiliadas es evaluada como positiva con el tiempo y al volver la vista atrás se quedan con lo bueno de la crianza.

Patricia Mayorga había llegado a una Italia convulsa en los años setenta, donde por primera vez se discutía el papel de la mujer, en medio de una sociedad bastante reaccionaria. Nunca estuvo en sus planes, pero en 1979 viajó a España y conoció a un pintor venezolano que se convertiría en su marido y en el padre de su hijo.

> *Estábamos solos en Roma, criando y sin redes. Pero en realidad fue él quién se ocupó sobre todo de la crianza de nuestro hijo, dejando de lado por un tiempo su carrera. Lo decidimos en conjunto porque su actividad era más elástica que mi trabajo en una organización sindical con horario rígido. Como yo solía afirmar irónicamente, "somos autoinsuficientes".*

María Eugenia Mignot tenía la ventaja de tener familia francesa, por lo que la falta de redes familiares se manifestaba sólo en un 50%.

Los primeros días de mi hija fueron difíciles, lo único que había traído de Valparaíso eran pañales, ropa de bebé, pero en pequeña cantidad y eso nos sirvió. Mi familia podía venir a vernos a la Embajada, pero por ejemplo en lo práctico no teníamos cuna, entonces la señora del Embajador tomó su canasta de compras y allí hicimos su cunita. Mi marido se ocupaba de lavarla, de pasármela cuando tenía que darle de mamar, todo eso hacíamos y después cuando llegamos a Francia no teníamos ningún problema material, porque los padres de mi marido nos ayudaron. Sólo con esa ayuda logré titularme en mayo del 75. Paralelamente mi hija estaba creciendo, cuando iba a los cursos, me sacaba la leche y se las dejaba a mis suegros en biberones o me la llevaba conmigo cuando iba a ver a mi profesor de título. Después tuve mi segunda hija en el 76, y pienso que, si comparo con muchos compañeros y compañeras que llegaron en situaciones mucho más complicadas, que vivieron en hogares esperando tener trabajo, poder integrarse, encontrar casa y todo eso, esos problemas fueron resueltos sin dificultad. Y esto para mí fue un regalo, porque persistía en nosotros el caos psicológico, la tristeza del dolor del exilio, porque significaba haber abandonado nuestro proyecto de vida en Chile.

Blanca Sánchez señala que su maternidad fue especial no solo por el exilio, sino porque decidió tener sola a su hija.

Estaba sola, estaba el papá, pero por poco tiempo, pero tenía la suerte de tener a mi hermano, familia y amigos, muchos amigos, que siempre han estado conmigo. La maternidad cambió mi vida, cambió total. Yo llegué virgen a Francia, imagínate, sabía muy poco y esto me ayudó a crecer, por supuesto, y me dio el gustito a la vida, la llegada de mi hija. Tal vez he sido un poquito absorbente. Pero bueno, con el tiempo, poco a poco, he ido soltando. Después mi hija se fue a México, viajó, conoció a su compañero en México y fue bastante difícil para mí alejarme de ella.

Maritza Bahamondez vivía en el Cerro Barón de Valparaíso y era auxiliar de enfermería en el Hospital Traumatológico al momento del golpe. Después de detenciones, persecuciones y torturas –se le acusaba de pertenecer al MAPU–, huyó a Argentina, embarazada, donde perdió el bebé. Desde el barrio de Fruängen, Estocolmo, donde vive hace más de cuarenta años, recuerda la amarga experiencia.

> *Estuve muy mal, tuve que volver a Chile con el bebé dentro y cuando estábamos en la frontera me atendieron de urgencia, me operaron y sacaron al bebé ya muerto, sin anestesia, fue una experiencia horrible; seguí organizando operativos de salud en las poblaciones, escapando a las detenciones, ya con una niña de pocos años. Un día, agobiada, me encontré con una mujer de una agencia de viajes que, tras oír mi historia, decidió regalarme dos pasajes a Suecia. Así comenzó mi exilio: un invierno crudo y con una niña de dos años. Encontré compañeros muy solidarios. Me sentí libre y de a poco comencé a trabajar, a vivir.*

Parece terrible que alguien quiera seguir reproduciendo la vida en estos contextos tan difíciles. Pero, así como la premura hizo que las exiliadas se fueran con lo puesto (*Los que nos fuimos sin las cosas*, como diría la exiliada en México, Eliana Albala), también hubo premura por seguir con proyectos vitales en el extranjero. Pareciera que la experiencia del dolor de la partida y de todo lo dejado en Chile, provocó en las mujeres reaferrarse a la vida tras la catástrofe y continuar con una descendencia "pura" y "libre" de crecer en dictadura.

Alicia Téllez junto a su familia

Niños exiliados en Londres

Ximena Ahumada en su primer exilio en Londres.

Documentos de Pilar Santana

Salida de Chile de Marcela San Martín

Salida de Chile de Ximena Pardo

Foto de Ximena Pardo en el exilio

Nivia Alarcón junto a sus hijas

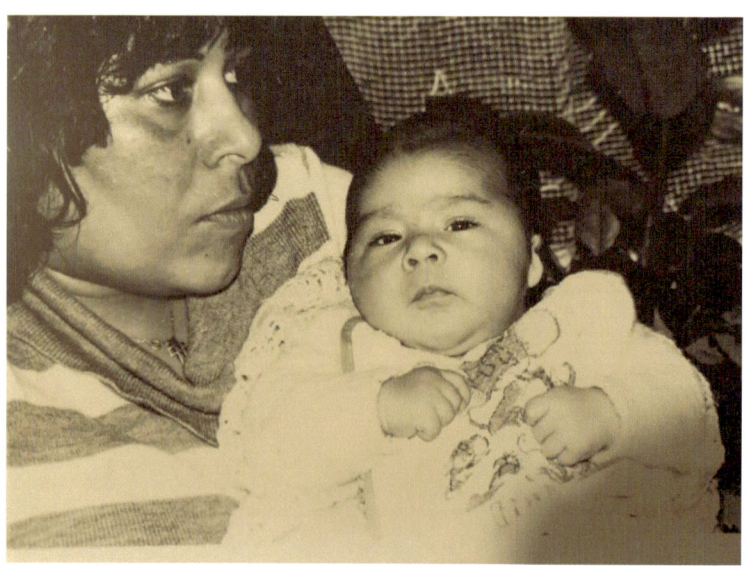

Nivia Alarcón

V. Trabajo y estudios

Los procesos de apertura que encontraron las exiliadas en muchos países europeos y de América del Norte les abrió un mundo de posibilidades, como la independencia laboral. En muchos casos, su afán práctico y su deseo por obtener la independencia económica de sus parejas, las llevó a buscar trabajo y a obtenerlo antes que lo hicieran ellos. Al principio se trataba de un trabajo precario en el sector servicios, sin embargo, poco a poco fueron escalando posiciones, hasta lograr trabajar en la profesión para la que habían estudiado.

> *Fui yo la que me vine primero a España, con 600 dólares y luego se vino mi marido y mi hija pequeña que en ese entonces tenía dos años. Por mi experiencia como profesora de inglés, encontré trabajo en una escuela de adultos, aunque al principio acepté cualquier tipo de trabajo para juntar el dinero necesario para independizarnos y abandonar el refugio de la Cruz Roja. Mi marido encontró trabajo al tiempo, como administrativo en el PSOE.* (María Inés Herrera, exiliada en España)

> *Vinimos de la RDA donde el trabajo nos lo había buscado el partido. Llegar a España fue prácticamente volver a empezar de cero, donde para poder mantenernos tuvimos que aceptar cualquier trabajo. Recuerdo que lo primero que encontré fue hacer de "cuidadora" en los baños de una conocida sala de fiestas de Madrid y mi trabajo consistía en evitar que los chavales se pincharan heroína en los baños.* (Ana María Flores, exiliada en España)

Gran parte de las exiliadas habían cursado carreras universitarias, formación que en la mayoría de los casos no les sirvió para encontrar un empleo acorde con sus especialidades profesionales. Muestra de ello es que en casi todos los casos encontraron trabajos de baja remuneración y calificación, casi siempre en los sectores "tradicionalmente feminizados" como servicio doméstico, cuidados de personas dependientes o industria primaria, agricultura (Maravall, 2012).

Llegar a un país desconocido y en algunos casos, de distinto idioma, significó un retroceso para muchas mujeres. En lo profesional, la imposibilidad de continuar estudios o de no poder trabajar en las profesiones para las que habían estudiado por dificultades de homologación, les significó aparcar sus sueños y volver a empezar. Muchas hicieron precisamente esto, estudiaron en el país de acogida y otras lucharon para que su experiencia probada compensara la homologación técnica.

Otras buscaron trabajo directamente. En muchos casos lo hacían por primera vez ya que, o eran demasiado jóvenes al momento de salir y no habían llegado a su etapa laboral o sus maridos no las dejaban trabajar en Chile, argumentando que debían dedicarse a las labores domésticas. Esto último quedó desfasado, porque llegaron a sociedades de acogida en los que la inserción de la mujer en la vida laboral estaba más desarrollada y porque, en última instancia, se necesitaban dos sueldos para poder sacar adelante a una familia.

Las mujeres chilenas exiliadas fueron pragmáticas e intuyeron que la dictadura iría para largo. Por eso, fueron ellas las que se preocuparon de la logística familiar y empujaron para que los niños se escolarizaran cuanto antes, y se esmeraron por buscar empleo aportando más ingresos a casa o encontraron la manera de seguir estudiando.

En algunos casos se tejió una verdadera cadena de solidaridad y una vez que las mujeres exiliadas consiguieron insertarse en el plano laboral y profesional, siguieron luchando por aquellas que no tuvieron ese derecho. Producto de esta lucha, muchas mujeres exiliadas chilenas fueron impulsoras de las primeras universidades populares o de las primeras casas de protección a víctimas de violencia de género en las sociedades receptoras.

La deuda pendiente según dice la mayoría, es la inserción de los afectos, porque, aunque han pasado los años, no son pocas las que confiesan tener el corazón dividido entre el país que les vio nacer, en el que intentaron una revolución democrática y el país que les tendió la mano y en el que descubrieron otros valores y oportunidades.

El primer trabajo que tuve fue de empleada doméstica en la casa de un periodista, donde la señora me ponía uniforme, pero quería que tratara con sus amigas y con ella porque yo era como era. Es decir, podía hablar, le sabía explicar. Fue una situación jodida porque me daba cuenta que ella quería mostrar que ¡fíjate el nivel que tiene mi chacha!, Porque yo había pasado por la universidad, podía hablar de Lacan o podía de Freud, o podía..., etcétera. Y a ella le encantaba y esas cosas me las preguntaba cuando había reuniones en su casa. Debo haber estado 3 o 4 meses, no me acuerdo. Es que en ese momento, mi hermana se va y me quedo sola con mi hija. Hay una situación familiar fea, yo tengo que buscar piso porque mi hermana cierra el contrato de donde estamos. Bueno, ahí es cuando empiezo a vivir sola, sin red, me doy cuenta de que estoy sola con mi criatura, ya mi hermana no está y hago limpieza en bares. Bueno, me busco la vida. (Marina Caballero, exiliada en España)

Agradece esos días donde recorrió hasta el último rincón de Barcelona, lo que le permitió criar a su hija y comprar junto a su compañera un acogedor departamento en pleno corazón de Barcelona. Las paredes de ese departamento guardan restos de Chile: hay grabados de Valparaíso en los pasillos, mascarones de proa como los que coleccionaba Neruda en la sala de estar, flores de crin en el baño y hasta un tarro de crema Lechuga encima de la cómoda. Aunque hace más de 40 años que no vive en Chile, tiene un espacio en su corazón y se siente orgullosa de que sus nietos hayan podido conocer el país, hace pocos años. Es para ella una vuelta del destino, que la hace mirar ahora con ojos un poco más bondadosos al país que un día la empujó al autoexilio.

Patricia Jirón explica que su trabajo de psicóloga ha sido "devolver la mano" como experta en procesos de violencia traumática. Esto le ha permitido reconectar con todo el sufrimiento que vivió de cerca y que lamentablemente se repite, con contextos de violencia, desplazamiento y exilio que se producen en otros países en la actualidad, casos que día a día le toca atender.

> *He trabajado desde siempre con personas que han sufrido de cerca la represión y la violación de sus derechos. El haber pasado por una situación similar, me hace comprender mucho más sus realidades y poder ayudarles.*

Cecilia Lauraz era dirigente sindical de una farmacéutica alemana en Chile. Cuando llegó el Golpe de Estado, ya estaba casada con Juan, militante comunista que trabajaba en la misma compañía y tenían un hijo de 12 años. Los tres hermanos de Cecilia eran militantes comunistas también y fueron detenidos nada más venir el golpe y luego partieron al exilio. Por eso, cuando la detuvieron y la llevaron al Estadio Nacional, Cecilia no se sorprendió e hizo de la supervivencia, en esos días en que estuvo apresada, un acto casi reflejo. Cuenta que la organización entre las detenidas era milimétrica y se turnaban para darse ánimos, alimentarse o asistirse entre ellas tras los duros interrogatorios y las torturas. Recuerda también el sistema de papeles y anotaciones de los teléfonos en las manos y pies, que le escribían las detenidas a las liberadas, para que llamaran a sus respectivas familias y les avisaran que estaban recluidas en ese centro de detención.

Nada después de su liberación fue igual. Recuerda con tristeza que, al reincorporarse a su trabajo, sus compañeros la señalan como apestada y al vacío le sobrevino la hostilidad. Por tal razón, ella y Juan decidieron partir y exiliarse en España donde conocían a algunos amigos. Luego salió el trabajo en una farmacéutica en Barcelona, ciudad en la que vive hace 48 años y donde ha nacido su hijo menor, con el que han visitado Chile. Nunca volvió a militar fuera porque, confiesa, quedó profundamente impactada con su detención y la de sus hermanos y con la falta de solidaridad de sus compañeros de trabajo a los que en muchas ocasiones había ayudado desde el sindicato. No obstante, su vena de activismo ha seguido cooperando en acciones de resistencia a la dictadura y en el último tiempo en los actos de homenaje que se hacen en el Centro Cultural Salvador Allende.

Hay una foto en la que aparecemos los cuatro hermanos tras una reja de la casa de mis padres. Mi madre la rompió porque dijo que esa maldita foto, había sido profética. La recuperé hace poco, es la única en la que aparecemos los cuatro. Cuando la miro, veo cómo el exilio ha roto a la familia.

Antes y paralelamente con dar rienda suelta a su actividad como muralista, Ximena Ahumada tuvo que pasar por varios trabajos. Fue uno de ellos, en una editorial de libros de Derecho, lo que curiosamente le abrió después la puerta a su actividad plástica y social.

Trabajando en esto, una amiga me dice para un 8 de marzo, mira, te lo pido como militante feminista, quiero que hagas una colección y que hagas una exposición para el 8 de marzo. Y claro, se me pararon los pelos porque no me gustaba hacer cuadros, pero digo, venga, por las mujeres voy a hacerlos. E hice mi primera colección de cuadros que se llamó Silencios Rotos. Entonces, me lancé y hablé con una asistente social, le expliqué mi vida. Le dije que tenía a los tres niños, que necesitaba trabajar y que yo ofrecía un taller de pintura en tela con un mural al final, y que me daba igual el perfil pero que fueran mujeres. Esta muchacha me hizo contacto con este barrio, el barrio de la Alameda, donde era un caos total, estaba empezando el VIH, era la zona donde se vendía la droga, había prostitución. O sea, era una zona muy conflictiva y muy mala. Nadie quería trabajar aquí con nadie. Y a mí me tocó trabajar con las mujeres prostitutas, que se querían salir de la prostitución, o mujeres seropositivas que estaban alcoholizadas, que estaban enganchadas a la heroína, cocaína y a todas las ínas. Y digo, pues bien, no tengo problemas en ir a trabajar con ellas. Entonces, les enseñé a pintar y fue muy bonito ese trabajo porque las mujeres que se estaban muriendo aprendieron a pintar antes de morirse. Y eso para ellas fue increíble, les dio vida; el tiempo de vida que tuvieron fue un tiempo de vida bonito, y luego después terminamos con un mural en el barrio, en la Alameda y eso ya fue el broche que les puso aquí y ellas eran las reinas del barrio. No por la prostitución sino porque habían hecho una pintura, un mural inmenso en la Alameda, en su barrio. Y ahí pintaron las abuelas, las tías, pintó todo el mundo. O sea, ellas ahí fueron personas y ahí fue la adaptación a nuestra sociedad. Se adaptaron desde la pintura. Y fue muy bonito y entonces, dije, yo quiero seguir trabajando en esto. En ese momento se inició la Delegación de la Mujer en el Ayuntamiento, se dieron las condiciones y así llegué a los barrios, en cada barrio tuve grupos de mujeres, las mujeres se engancharon, esas mujeres trajeron a sus amigas y al final conseguí hacer de cada barrio una asociación de mujeres que alquilaban un piso de su barrio y se independizaban.

Sonia Baeza es de Valparaíso y estuvo en clandestinidad durante siete meses en Chile tras el Golpe de Estado. Esposa de un socialista con un alto cargo en el gobierno de Salvador Allende, se trató de insertar rápidamente en la sociedad francesa. Tanto en la situación personal, como en la de sus conocidos que también se exiliaron en Francia, reconoce diferencias entre cómo se vive el exilio en la pareja.

El hombre lo vive siempre en forma más política, lo vive intensamente porque sigue la lucha desde fuera. En cambio una queda como más

*postergada, digamos, como en ese sentido, porque siempre sigue el rol
de madre, esposa y como trabajadora, también. Porque ambos encontramos trabajo y tuvimos que estar en lo profesional, como padres y
como militantes, también viendo cómo se podía aportar ayuda desde
acá hacia la gente que uno había dejado detrás. Sin duda la diferencia
en la pareja existe. Tú avanzas, en el caso mío, pero yo permití que mi
esposo tuviera más acceso a poder tener la validación de su diploma
para poder hacer frente al futuro que nos entregaba esta sociedad. Y
dentro de lo positivo también, yo también doy gracias a esta sociedad
que fue bastante solidaria, nos abrió campos y en lo profesional, también. Nos permitió evolucionar y la evolución de los hijos, también.*

Melinda Durán desarrolló un cáncer de mama cuando su marido estaba preso, condenado a veinte años tras un consejo de guerra. Ahí
fue cuando surgió la posibilidad de conmutar la pena por el exilio.
Recorrió todas las embajadas que ya estaban llenas y al final, a través
de un organismo internacional, la llevaron a Suiza a operarse con sus
dos hijos de tres y cuatro años. Su cuñado estaba en Francia y eso pesó
para que Melinda se fuera a Francia y no regresara a Chile. En 1978,
su marido pudo finalmente viajar a Francia y allí se reencontraron en
Burdeos. Pero vivir con la familia en condiciones de hacinamiento o
vivir en un foayer con más refugiados generaba tensiones.

*Hay muchas tensiones, yo venía de recuperarme de una enfermedad y
mi marido saliendo de la cárcel, además no entendíamos nada el idioma. Así que lo que hicimos fue escolarizar a los niños, y ellos fueron
de alguna manera nuestro nexo para comunicarnos. Yo aprendí el
francés a través de ellos y leyendo. Antes de aprenderlo estaba completamente incomunicada, aparte de la amiga esta que me llevó a su
casa, muy gentil, no tenía más contacto con gente francesa, así es que
al principio me centré en lo de ser madre. Uno de los chicos empezó a
ir a la escuela. Justo a una escuelita que estaba al frente. Estuve dando botes por todos lados, como se dice en chileno. El problema fue que*

mi marido murió a diez años de haber llegado acá, por lo que me tuve que poner a trabajar rápido. Al principio estuve en la casa cuidando niños de las amigas o del vecino de la vecina; y después, cuando mi marido enfermó, empecé a trabajar en la ciudad universitaria. Ese fue el único trabajo que tuve afuera y tuve muy buenas compañeras, y muy buenos patrones. Nosotros en general, como chilenos, tenemos muy buena reputación como trabajadores.

Desde Bélgica, Sandra Fernández también recuerda esos primeros trabajos en Bruselas.

Los primeros trabajos aquí en general son hacer el aseo, ya que es lo más rápido y había compañeros que lo hacían, que tenían teléfono y más o menos el medio lo conocían y a través de ellos, uno ofrecía el servicio o le comunicaban que había alguien que necesitaban una persona para hacer aseo. Yo creo que hice un buen tiempo aseo, un par de meses y luego que logré tener mis papeles en regla, pude entrar en el sistema de acá y ver las ofertas de empleo. Me ayudaron a encontrar un trabajo y afortunadamente el área que yo tengo que es dibujo técnico, no era una especialidad que manejaran muchos, así que pude empezar a trabajar rápidamente y con un contrato.

Pilar Santana supo de desigualdades desde muy temprana edad. Fue la única hija de una empleada del hogar, que trabajaba de sol a sombra puertas adentro para una familia que ni siquiera le pagaba un sueldo. Pilar miraba desde niña, con rabia y recelo, a la dueña de casa apuntar todos sus gastos: útiles escolares, ropa, calzado, todo estaba minuciosamente anotado en un cuaderno que la patrona guardaba con llave y que se encargaba de enrostrarle cada vez que podía. Cuando cumplió 17 años se fue de casa e ingresó a la Universidad de Chile a estudiar enfermería. Su sentido social le incentivó a sumarse a las filas del MIR en los primeros meses de vida estudiantil. Una militancia que le llevó a vivir escondida en más de diez casas en los meses siguientes al Golpe de Estado; hasta que los escondites no sirvieron y fueron reemplazados por un viaje a Madrid. Llegó a la capital española con lo puesto, pero no fue necesario más porque sus ganas de seguir trabajando la llevaron a encontrar trabajo de enfermera en una clínica a pocos días de bajarse del avión, aunque el camino para la validación de su título no fue precisamente un camino de rosas.

> *Aquí me encontré con que no existía la carrera de Enfermería, no existían las enfermeras como profesión. El trabajo de enfermeras lo hacían las monjas y los llamados practicantes, que era la figura que se conocía aquí, que era un título técnico. Entonces, yo con mi titulito universitario, no hice nada, no podía hacer nada porque no existía nada de eso. Sin embargo, en esta clínica el empresario era un visionario y decidió hacer la clínica más moderna de España y trajo aparatos como la resonancia magnética de ahora, pero que antes se llamaba TAG. Se enteró que en Chile y Uruguay estaban las mejores profesionales de enfermería y trajo sobre todo a personal chileno. Y abrió una Unidad de Vigilancia Intensiva, una UVI, UTI en Chile. Sin embargo, siempre con el problema del título. A los años, salió una ley que me obligaba a homologar el título universitario, pero lo tuve que revalidar como un título técnico. Entonces, mi carrera universitaria la pasaron a un título técnico, estaba ofendidísima y pasé a ser ATS, que quiere decir Ayudante Técnico Sanitario.*

Abrirse paso en un mundo laboral de hombres, eso no cambió en el exilio. Comienza recién a cambiar tímidamente en el siglo XXI. Por esta razón, porque los logros en lo laboral costaron tanto, es que la decisión del no retorno, como se verá más adelante, fue doblemente pensada.

VI. Militancias y activismo político

No todas las mujeres formaban parte de un partido político en el Chile de 1973. Y aunque la militancia aumentó desde que la mujer obtuvo el voto sin restricciones en 1949, implicaba una acción comprometida y una dedicación a la que en esa época no todas podían optar tan libremente. Otras, no llegaron a formalizarla con un carné político, pero sí con una simpatía que quedó reflejada en la adhesión al gobierno de la Unidad Popular. La mujer estaba presente en sindicatos, cordones industriales, en la calle, en manifestaciones, en trabajos voluntarios, en operativos en poblaciones o en trabajos de verano.

Tras el Golpe de Estado, militantes con y sin carné fueron igualmente perseguidas, hasta que abandonaron el país. Otras, tan solo el ser pareja de un militante las puso en peligro y tuvieron que optar por el exilio para sobrevivir. En el exilio se volcaron a las acciones de resistencia contra la dictadura y algunas, volvieron a los pocos años a luchar en el propio país, pero la mayoría se quedó fuera, tratando de visibilizar en el mundo los horrores de la cruenta dictadura de Pinochet y luchando contra lo que Ana Vásquez y Ana María Araujo llaman un doble exilio.

> *Ser mujer y exiliada política implica un doble exilio, una doble lucha, una doble búsqueda de identidad, una doble afirmación de la diferencia. Doble tarea la de las mujeres exiladas militantes de América Latina: luchar por la liberación de sus pueblos, porque nadie se realiza en un continente frustrado, y crear una conciencia histórica de mujeres. (1990).*

Doble frustración también podría decirse, porque el gobierno chileno que dejaron estas mujeres sí tenía planes de darles un lugar protagónico a esa lucha. El rescate de esa humanización del desarrollo en el que se asentaba el programa de la Unidad Popular que gobernó con Allende, queda también de manifiesto en el relato de Laura González, doctora que trabajaba en el sistema público de salud en Chile al momento del Golpe de Estado y viuda del funcionario español de Naciones Unidas, Carmelo Soria, asesinado por la dictadura de Pinochet.

Trabajé por Allende en Chile y trabajé en la resistencia contra Pinochet en España. Aún recuerdo el día en que ganó Allende en 1970. Me fui caminando a la casa y recuerdo que había un gran silencio en el barrio, pero ya se podía saborear la victoria, en la que tuvieron un papel fundamental las mujeres menores de 30 años. Como médica, destaco del gobierno de la Unidad Popular su profunda preocupación porque el sistema sanitario beneficiara a todos los chilenos. El mundo rural en ese entonces, prácticamente no tenía acceso a la salud y en los niños había desnutrición.

Pese a los obstáculos mencionados, las exiliadas siguieron desempeñando su activismo político, si cabe con más intensidad que en Chile, ya que el contexto de libertad y apoyo extranjero favoreció un clima de mayor seguridad para retomar la lucha contra la dictadura. En esta línea, su actividad opositora se centró primordialmente en la denuncia internacional de las violaciones de los derechos humanos en Chile y en la captación de fondos para el apoyo de la militancia que seguía operando en el extranjero (Maravall, 2012).

La comunidad chilena en el exilio se organizó para formar parte de la Asociación de Chilenos de Vancouver, un conglomerado de todos los partidos políticos que estaban representados entre los chilenos allí. Forna y yo nos unimos a esta asociación apenas llegamos a Vancouver. Eran varias las tareas que allí desempeñábamos, pero la principal era reunir fondos para ayudar a las familias de los prisioneros políticos, los asesinados y los desaparecidos en Chile. La manera de juntar fondos era principalmente organizando eventos y peñas, para lo que arrendábamos un local, ya sea el sótano de una iglesia, o la sede de un sindicato e invitábamos a la comunidad a escuchar música latina y consumir vino, cerveza y empanadas que hacíamos nosotros mismos. La música la proporcionaban los distintos grupos musicales que se formaron en el exilio. También vendíamos libros, CDs y artesanías chilenas y juntábamos alrededor de mil a dos mil dólares canadienses por evento que luego enviábamos a Chile. (Ximena San Martín, exiliada en Canadá)

Las mujeres que militaron en partidos políticos chilenos en el exilio trabajaban organizando eventos para recaudar fondos y enviarlos a los partidos en la clandestinidad. Cada filial externa del partido tenía un objetivo definido. Además, había comisiones de prensa y de activismo, porque en tiempos en que no existía Internet, toda la difusión estaba en los medios de comunicación, que cubrían el caso chileno y las acciones de denuncia que se realizaban constantemente.

En Madrid, un grupo de exiliadas organizaron las primeras casas de acogida para mujeres víctimas de violencia a finales de los años setenta. Muchas recuerdan la labor en ese sentido de Alicia Herrera, feminista, quien fue la primera en llevar a cabo esta iniciativa en el sur de Madrid, junto a integrantes del Partido Obrero Socialista Español y abogadas feministas.

Mi primera acción en Fuenlabrada fue tratar de dar a conocer a las mujeres sus derechos y cómo proceder en los casos que temieran o sufrieran malos tratos por parte del marido o pareja. Cuando llegaba al consultorio que estaba lleno de señoras esperándome, en lugar de entrar a mi consulta, me sentaba en la sala de espera y les conversaba de este tema recurrente. Al principio me escuchaban muy silenciosas, pero con el tiempo comenzaron a formularme preguntas. De algún modo, se difundió en Fuenlabrada que nosotras dábamos charlas a mujeres. De las escuelas vinieron a pedir que las diéramos en sus centros de padres. También nos lo solicitaron en organizaciones comunitarias y aún en las iglesias, para las parejas que se preparaban para el matrimonio. Todas teníamos algo que decir en relación con nuestra profesión, sobre el daño que la vida violenta dentro de la familia estaba produciendo en la sociedad. (Extracto del libro de memorias *Desde el tejado* de Alicia Herrera)

Otras mujeres chilenas, aprovechando sus conocimientos de docencia, participaron desde un principio en instancias de educación popular, como la Escuela Popular de La Prospe, que arrancó en 1973, en el barrio obrero de Prosperidad, en Madrid. Esta era una de las iniciativas forjadas en los últimos años del franquismo caracterizadas por la organización de un fuerte asociacionismo de barrio, en especial, de los más descuidados por el desarrollismo y periféricos a las grandes ciudades.

Uno de mis primeros trabajos fue como profesora de castellano en la escuela popular del barrio de La Prosperidad, un barrio obrero en el corazón de Madrid. Fue maravilloso porque ahí podía poner en práctica tanto mi activismo, mi militancia, como mi carrera de profesora. Hacíamos de todo, tengo que reconocer el esfuerzo que significaba para muchos hombres y mujeres venir a clases tres horas en la noche, después de su jornada laboral a aprender, a sacarse su graduado escolar, eso era emocionante. (María Inés Herrera, exiliada en Madrid)

Eran años en que la efervescencia cultural y el feminismo –a principios de los años ochenta en Madrid– confluían, por eso Emma Landaeta, autoexiliada chilena que había ya vivido en Argentina, Francia y en Alemania, descubrió cuando llegó a España que estaba todo por hacer y junto a otras compañeras fundó un grupo de mujeres socialistas que buscaron en la cultura la manera de seguir con el activismo político.

Fundamos el grupo Tralún, donde trabajábamos con mujeres socialistas en la elaboración de una revista que reivindicaba el feminismo. En el comité estábamos puras extranjeras, chilenas, argentinas, hasta una colombiana. No es que en nuestros países la cosa fuera distinta a lo que encontramos aquí. Los españoles eran igual de machistas que los latinos, pero lo que sí nos diferenciaba era que teníamos experiencia en activismo, asociaciones, y en organizar grupos de discusión, tertulias, manifestaciones, y eso lo aprovechamos en pos del feminismo. (Emma Landaeta, exiliada en España).

Las integrantes de Tralún, a la luz de sus experiencias entre chilenos, identificaron la necesidad de reunirse fuera de los eventos comunitarios chilenos para poder compartir y canalizar sus experiencias durante el exilio, la relación con la sociedad de acogida y las luchas familiares en España. Además, ayudaron a las mujeres en Chile enviándoles dinero, apoyándolas en denuncias sobre detenciones ilegales de familiares en el extranjero e incluso con asuntos domésticos como enviarles champú. Muchas de ellas eran madres solteras y se separaron de sus parejas a los pocos años de llegar a España. Había otras que llegaron solteras y sin una red social sólida (Gálvez, 2021).

El desarrollo de los derechos de la mujer, aunque en España no fue en la misma época ni de la magnitud de otros países receptores del exilio chileno, como Suecia o Canadá, sí influyó en la incorporación laboral de la mujer.

Emma estudiaba actuación en la Universidad de Chile y era militante socialista cuando sobrevino la dictadura. Y aunque su nombre no figuraba en una lista negra, lo cierto es que continuar en la carrera se hizo imposible y decidió partir a Buenos Aires, siguiendo a su pareja de ese entonces. En Buenos Aires, el advenimiento de la dictadura argentina no puso las cosas fáciles. Todavía recuerda con horror que un militar vestido de civil la fue a buscar varias veces a su residencia, preguntando a los porteros del barrio por su verdadero nombre. Tanto pavor le dio esa situación que estuvo un mes viviendo con las luces apagadas. Otros exiliados chilenos en Argentina le dijeron que se había escapado del *poroteo*[12] en ese barrio, advirtiéndole de que tenía que huir por su seguridad. Fue entonces cuando partió a París, donde vivía su hermana, también exiliada.

Recuerda que en París se buscó la vida con algunos conocimientos de francés, que perfeccionó trabajando en un fino restaurante, del que recuerda que le dejó como herencia aprender a lavar platos pulcramente. Pero Emma no estaba para lavar platos más allá del tiempo de la supervivencia. Por eso se trasladó a Alemania (RDA), donde fue testigo de los últimos años del socialismo de Erich Honecker, quien acabaría refugiándose en Chile tras la caída del muro. En los estertores de la RDA, pensó en ir a Madrid, una ciudad que recuerda como "medieval" cuando llegó en 1981, porque sostiene "todas las mujeres vestían de negro y se notaba la influencia y el peso de la iglesia católica tras 40 años de dictadura". Las parejas no se tomaban de la mano, porque podía venir la (policía) civil, que era la encargada de vigilar las buenas costumbres en los espacios públicos.

> *En Tralún, nos unía a las mujeres latinoamericanas esta historia que había que hacer cosas por Chile y lo estuvimos haciendo, como vínculos con nuestros partidos políticos y con el grupo de mujeres. Los partidos nunca se metieron y nunca dejamos que se metieran en los temas que manejaba el Tralún, que era igualdad, una serie de temas que aquí en España nunca se habían tocado porque ellos acababan de salir de la dictadura de Franco y habían tenido un periodo de transición en el cual el problema de las mujeres ni se hablaba. El tema era democratizar España, en el sentido de tener un gobierno elegido por elecciones libres y directas. Bueno, lo que se tiene ahora; pero las mujeres en aquella época aquí eran un problema muy secundario,*

---

12 Acción de delación de una persona del bando contrario.

pero muy secundario. O sea que era como que los problemas de la dueña de casa, aquí no caben. Por eso se tuvo que aprobar la Ley de divorcio en 1981, para poder separar a esta gente; porque estos tenían una losa cristiana puesta encima por lo cual se negaban y era muy difícil pensar que gente pudiese divorciarse. Había mucha gente que aguantaría lo que fuera con tal de no llegar al divorcio. (Emma Landaeta, exiliada en España).

Junto a esa actividad política, Emma trabajó en una institución financiera y luego, los últimos veinte años, en la agregaduría cultural de la embajada de Chile en Madrid. Se ríe cuando le preguntan si pensó alguna vez en el retorno a Chile. Dice que las alas se las cortaron desde el momento en que nunca pudieron reconocer los estudios que cursó en Chile, lo que le impidió seguir perfeccionándose a nivel universitario, como hubiera querido en España. Volver hubiera significado un papeleo extra, que ya no estaba en condiciones de asumir. Hoy reparte su vida entre Santiago de Chile y en Madrid, en una pequeña buhardilla del barrio Lavapiés llena de cuadros que ella misma pinta, entre óleos y caballetes.

Regina Rodríguez, llegó en 1974 a Madrid. Volvió recién en 2022 y hoy se encuentra al frente del Centro Cultural La Moneda. Regina estuvo también en los inicios del movimiento feminista en España y puede dar fe de la contribución del feminismo chileno a la transición española y al despertar de las mujeres en España, tras la larga dictadura. Regina prefiere hablar de contribución de las mujeres del exilio más de desde una posición victimista, porque cree, realmente ahí está la acción transformadora.

Decidí militar en el movimiento feminista español, porque me entusiasmaron mucho las Primeras Jornada del Patriarcado que se hicieron en 1980 en Barcelona, y el gran encuentro en Granada de mujeres feministas y eso fue para mi, revelador. Antes de eso, habíamos hecho un grupo de mujeres latinoamericanas, de autoconsciencia con algunas compañeras argentinas, colombianas, una francesa, grupo que fue muy importante porque forjó mi formación feminista posterior. Estaba en ello cuando, con un par de amigas argentinas, organizamos un encuentro de mujeres latinoamericanas en un piso en la calle Barquillo, años 80. Y ese encuentro fue muy interesante desde el punto de vista del diagnóstico, porque se hicieron cuatro comisiones: una de Mujer y política, otra sobre Mujer y familia, otra sobre Mujer y sexualidad y otra sobre Cultura. Habíamos tenido una conferencia de Judith Astelarra, una gran teórica española/ argentina, muy amiga y resulta que nos dimos cuenta que estaba, completamente llena la comisión de Política y mujer, un poco menos la de Mujer y familia, muchísimo menos, la de Mujer y sexualidades, había como ocho e igualmente la de Cultura. Por lo tanto, este diagnóstico qué me dijo? Que el feminismo, curiosamente, no tenía nada que ver con América Latina y que las prioridades eran en ese momento los derechos humanos. Así que tras esto, comencé a trabajar por el feminismo español, hice los primeros artículos de violencia contra la mujer, además de lo que publicaba Vindicación Feminista. Mi tesis era: hay que crear algo intermedio, porque no puede ser que haya 15 mil lectoras de Vindicación Feminista y un millón de lectoras del HOLA. Hay que hacer un tipo de prensa especializado para la mujer, con buenas fuentes, con buenos datos, con buenas plumas, eso era lo que quería hacer. En medio de esto llegó el gobierno de Felipe González, se creó el Instituto de la Mujer, me mandaron a entrevistar a la directora, y ella me invitó a trabajar con ella, haciéndome cargo de departamento de prensa del Instituto de la Mujer con las primeras campañas públicas contra la violencia machista, donde obviamente no se ocupaba el lenguaje que se dice ahora, sino que se hablaba de "malostratos". Fue ahí cuando le pedí a la directora hacer una revista especializada para las necesidades del momento, y así nació "Mujeres" una revista que arrancamos en 1983 y que duró cuatro años y donde contamos con este tipo de periodismo. Para mí ha sido unas de las cosas más bellas que he hecho en la vida, porque la revista impactó mucho y llegamos a tener una tirada de 20 mil ejemplares. Estaba *en ello cuando un día me contactó un grupo de mujeres chilenas del grupo Tralún y me preguntaron si podían publicar algo en la revista, y les dije, pues claro ¡y que sepan que yo también soy chilena! ¡Igual que vosotras!!*

Cecilia Cortés confiesa desde París, Francia, que su exilio fue más que nada una decisión familiar, ya que fue su madre quien le impidió seguir en la clandestinidad en Chile, tras la pérdida de su hermano mayor, desaparecido en el año 1976.

Iba a trabajar en la clandestinidad en Chile, dejando a mis hijos con mi madre. Cuando le propuse a mi mamá eso, me dijo "te vas, inmediatamente". Llamó a mis hermanos que ya estaban aquí y les dijo: "sáquenla, porque la voy a perder y ya perdí un hijo, no quiero perder dos". Tuve muchos obstáculos para obtener el refugio, porque se suponía que después de 10 años, Chile tenía una democracia y ya el gobierno francés no quería dar refugio a esas alturas. Además, todos los partidos políticos estaban con la orden del retorno, es decir, que todos teníamos que volver, que no había nada más que hacer aquí, que había que trabajar en Chile. Pero cuando has trabajado 10 años en Chile y te das cuenta de la diferencia entre lo que ellos pensaban que podía ser y lo que realmente vivía el país, no se podía pensar en el retorno.

Desde hace años, Cecilia es presidenta de la Association Orly-Chili Solidarité en París, donde se hace un activismo militante, en especial con la segunda generación del exilio chileno y en la visibilización de los problemas de la comunidad chilena que ha ido a Francia a través de varias oleadas migratorias.

Más al este, desde Suecia, país donde se quedó, Olinda Mena critica el poco compromiso político que ve en las generaciones actuales y su desconexión, dice, con problemáticas de racismo y xenofobia que cuentan con el patrocinio de la ultraderecha.

Yo seguí ampliando mi educación política, pero creo que durante los años de dictadura hubo un vacío. Los partidos perdieron y se creó un vacío porque no hubo estudios, las carreras universitarias relacionadas con la política se cerraron, entonces hubo una generación perdida. A mis hijos les mostramos un amplio espectro de opciones políticas y dejamos que ellos eligieran y les hicimos ver que verdad y justicia eran lo principal. Así como crecí en un caldo de cultivo de izquierda, les entregué a mis hijos lo mismo, pero veo que el gran porcentaje del exilio chileno y los partidos políticos perdieron eso con las generaciones siguientes. El neonazismo ha avanzado mucho en Europa y eso me asusta. Creo que hay un desconocimiento grave en la juventud respecto de lo que es la educación política. Hay que dedicarse a los jóvenes para evitar este tipo de situaciones, que no aparecen de la noche a la mañana, sino que son largos procesos.

Marta Hormazábal se exilió en Alemania junto a su familia y posteriormente se fue a España y se afincó en Bilbao. Explica que a pesar de ser considerada siempre una mujer de izquierdas, su activismo político se materializó en la forma de un asociacionismo, formando a principios de los años 2000 la Asociación Pablo Neruda en Bilbao, España.

Muchas personas una vez que rehacen sus vidas aparcan sus ideales o se cansan de las asociaciones o la política ¡Y los entiendo! Pero a mí me ha pasado al revés: además de mantenerme asociada en una pequeña Asociación chilena Pablo Neruda que tenemos acá en Bilbao, me involucré en el movimiento que surgió del Primer Congreso de Asociaciones chilenas en Europa en 2009 y he seguido con ellos, activando en mi modesta medida en esta área geográfica, por la recuperación por los derechos cívicos para los que vivimos fuera.

María Isabel Aguirre lleva cincuenta años viviendo en Bruselas, país al que llegó después de un breve paso por Perú. Exmilitante del MIR, estudió enfermería en una sociedad belga que le recibió con las puertas abiertas; ella y su marido no compartieron el llamado de su partido a no asilarse y a hacer oposición desde dentro.

> *En realidad éramos militantes del MIR pero estábamos en ruptura con el MIR porque no estábamos de acuerdo con las políticas que tenía en ese minuto, que era para nosotros totalmente errónea, en el sentido de que el MIR quería quedarse en Chile, morir con las botas puestas. Y eso para nosotros no tenía ningún sentido, porque de lo se trataba era de que justamente toda esa experiencia de militancia de gente joven que había tenido se recuperara, se hiciera un balance. Nosotros lo que le pedíamos al MIR era que saliera la gente que estaba perseguida por la condición política, se hiciera un congreso en el exterior donde se analizara lo que había sido la Unidad Popular, lo que habían sido las políticas del MIR, los errores que se habían cometido, para que toda esa experiencia, además sirviera. Nos sirviera a nosotros para no volver a cometer las mismas cosas, para ver cuáles era las perspectivas. O sea, nosotros en ese marco salimos de Chile, fue realmente una decisión política. Ahora, la acogida que se nos dio en 1974 no tiene nada que ver con la acogida que se les da a los refugiados hoy. Había comités de solidaridad con Chile en todas las ciudades belgas y teníamos mucha tribuna, teníamos contacto con militantes de partidos europeos, había mucho intercambio. Nos buscaron una casa para nosotros y nos dieron la bienvenida, realmente palpabas lo que era la solidaridad internacional, fue muy emocionante.*

Carmen Rojas llegó a mediados de los años setenta a Oslo, Noruega. Tras la imposibilidad de volver a Chile, por su militancia en el MAPU Obrero Campesino, sufrió persecución política en el exilio: su pasaporte estuvo "secuestrado" en la embajada durante diez años sin mayores explicaciones y ella y su pareja fueron víctimas de espionaje telefónico. No obstante, estas acciones no la intimidaron para seguir haciendo labores de resistencia, en particular, de apoyo a las mujeres chilenas en dictadura.

Nosotras teníamos un trabajo de solidaridad con las mujeres en Chile, enviábamos fondos para que hubiera un congreso de mujeres políticas y activistas en Chile y lo hicimos; enviamos dinero para que se hiciera y hasta una representante noruega para que avalara el congreso que se hizo en el día de la mujer, en plena dictadura. Hubo mucha solidaridad de las organizaciones feministas noruegas y las que más apoyaron fueron las primeras asociaciones de gays y lesbianas de este país. Hicimos un montón de exposiciones sobre las mujeres, las presas políticas, las trabajadoras y llamábamos a las chilenas a que fuéramos a participar el 8 de marzo, para estar con ellas. Entonces, decíamos, si descubren en Chile la dictadura o qué sé yo, que están en contra de las compañeras allá, que son las lesbianas que están apoyando va a ver una polémica. Pero imagínate, así, inmediatamente, teníamos una solidaridad inmensa y eso lo logramos nosotras, trabajando poquito a poquito.

Lidia Aguilera salió al exilio en 1976 a Burdeos, Francia, con sus hijos y su marido. Hace algunos años escribió sus memorias tituladas Por los senderos de una vida o la memoria anclada en el recuerdo, donde cuenta minuciosamente sus vivencias, desde que vivía en Chile, pasando por su periodo profesional como profesora de artes plásticas en el sistema educativo francés, hasta nuestros días. Nunca ha regresado a Chile, porque se prometió a sí misma, volver cuando hubiera una revolución, un viaje que pensó tras el estallido de 2019, pero que estropeó la pandemia en 2020.

Soy de nacimiento profundamente de izquierdas, pero nunca milité. Me dijeron muchas veces que militara pero yo puse la siguiente objeción: primero, trabajaba, y cuando una se dedica a una causa tiene que hacerlo al 100% y yo no me sentía con la capacidad de darme por entera. De una parte tenía la responsabilidad de mis alumnos y después cuando me casé, tenía la responsabilidad de mis hijos. Ya el padre casi no pasaba en casa, entre las reuniones de trabajo, la reunión política y la reunión sindical, así que imagínate. ¿Quién se iba a ocupar de los hijos? Pero soy profundamente de izquierda y muy cercana al Partido Comunista, nunca he dejado de votar por el partido comunista y además soy Allendista a muerte. Desde que nosotros llegamos el primer año, participamos con el Secours Populaire Français (Socorro Popular Francés), para enviar un barco antes de Navidad a Chile con ropa, con útiles escolares. Esa fue la primera manifestación que hicimos aquí en Francia y de ahí mi marido ingresó a la Secours Populaire Français para participar en todas las actividades de este organismo. Yo estoy bien aquí en Burdeos, pero llevo años soñando con el retorno. Al principio bastante, después, ya como una quimera. Pero yo me prometí volver cuando viera que Chile se despertara, cuando no aceptara las imposiciones que se hicieron en dictadura y que la gente aceptó. En 2019 se revelaron contra esto, ya es tiempo del regreso.

Era importante que el activismo político de las mujeres coincidiera con un periodo de efervescencia en el país de acogida. Esta solidaridad facilitaba que las personas chilenas se integraran rápidamente al activismo, ya fuera desde sus partidos o desde el activismo informal. En el caso de las exiliadas, una ayuda importante fue la lucha por los derechos de la mujer, como recuerda Patricia Mayorga al definir el activismo en que militó desde su exilio en Italia.

Llegué a Italia y como en Roma funcionaba la organización "Chile democrático", que coordinaba la solidaridad mundial con el pueblo de Chile, empecé a trabajar de inmediato en tareas de solidaridad. Llegué a Italia en marzo de 1975, un período de gran efervescencia socio-política, con un movimiento feminista importante y reformas que cambiarían la connotación de la sociedad, como la ley sobre el divorcio; y años más tarde, en 1981, la ley sobre interrupción del embarazo. Asimismo, por primera vez desde la posguerra el Partido Comunista Italiano, el más importante de Occidente, elegiría un alcalde en Roma, tradicional feudo del poderoso Partido Demócrata Cris-

tiano, que en realidad era el "partido/estado" y sin pretender exagerar, el verdadero "brazo político" del Vaticano, que dirigía sin escatimar medios la vida de los italianos; y, sobre todo, de las italianas. La participación en los grupos feministas me enriqueció notablemente y asimismo me abrió perspectivas de desarrollo personal y político que probablemente habrían ido apareciendo con el tiempo y con la edad, pero que en ese momento fueron para mi un factor fundamental de crecimiento.

Y es que, aunque la mayoría de las exiliadas llegaron a países socialdemócratas, la "cuestión del feminismo" no terminaba de encontrar su lugar en lo político partidista. Así lo recuerda Cecilia Barriga, exiliada en Madrid, a mediados de los años setenta.

Las jóvenes y en especial las de fuera, teníamos que aportar algo que estaba pendiente en los partidos, que era el tema del feminismo. El primer feminismo consciente que tuve fue a través de mi madre que de manera espontánea, leía los artículos de Isabel Allende en la revista Paula; entonces me vinculé muy rápidamente al feminismo español que se estaba gestando más desde una lucha contra la dictadura para volver a la democracia. Mi lucha feminista fue gestándose, vinculándome a los movimientos feministas de finales de los años setenta. En Granada fui al primer encuentro feminista en 1979 y allí contacté con mucha gente joven. Era una sociedad que despertaba de muchas cosas, se abría a generar poder político e instituciones para luchar por los derechos de la mujer, cuando triunfa el PSOE, se ve como se articula ese feminismo institucional, se ve más un proyecto.

No obstante, confiesa, quedaba otra cuestión pendiente que era lo de la lucha por los derechos de la mujer, desde lo que hoy se conoce como el movimiento LGTBIQ+.

La cuestión LGTBIQ+ no era más que un movimiento de lesbianas y gays. No era más, este concepto es una importación que se hace mucho después. Había un movimiento de lesbianas que lo conocí por el ambiente del arte, del cine, donde se daba visibilidad a alguna actriz y alrededor de este grupo se producían encuentros espontáneos en algunos bares de Madrid, estaba el MM, que había cuatro bares en la ciudad que eran como un poco clandestinos, hasta que llegó la época de los noventa donde se instaló el Medea que estaba en Lavapiés y que fue el gran centro lésbico y luego queer, que se hizo famoso en la noche de Madrid. Con mi trabajo tuve posibilidad de viajar en los setenta por Alemania, Suecia y Francia; y pienso que a nivel de Europa, Holanda y Alemania eran muy potentes en la visibilidad lésbica.

En otras ocasiones, aunque las mujeres con militancia formal hacían ver en los partidos del exilio las diferencias con otras colectividades, esto no fue obstáculo para que generaran un supra partidismo o activismo no formal, con acciones sociales directas que beneficiaban a la comunidad chilena y en algunos casos, también a la local. Es el caso de Francisca Medel, exiliada socialista en Bruselas, quien hasta 2019 estuvo al frente de La Casita del Pueblo, un entrañable lugar de reunión de la comunidad chilena, pagada con empanadas y comidas típicas que Francisca amasaba con gran pasión. Pero no solo era un encuentro de la comunidad en el exilio sino también de solidaridad internacional.

En los últimos años, con el incremento de la llegada de refugiados sirios a Bélgica, me dediqué a abrirles las puertas en invierno, para que pasaran la noche al interior de la casita y así capear las olas de frío. Refugiados de 16, 18 años, me escribían cariñosos mensajes agradeciendo la hospitalidad. ¡Qué otra cosa íbamos a hacer si a nosotros nos pasó lo mismo, era devolver la mano!

La mala suerte fue que el gobierno local cambió de color político y apostó por la gentrificación en el centro de Bruselas subiendo el alquiler del local, lo que provocó su cierre.

Con secuelas físicas y psicológicas se quedó la activista Silvia Leiva, a quien los militares fueron a detener al campamento Nueva Habana, un experimento comunitario que se había iniciado a finales de los años sesenta en la comuna de La Florida de Santiago.

> *Soy una superviviente, pero la dictadura no ha vencido, en tanto cuanto yo misma y a mis hijos y nietos, les he traspasado la obligación de luchar. Tengo ocho operaciones producto de las torturas que recibí y nadie me va a quitar el horror que sentí cuando mis torturadores me violaron en una camilla en presencia de mi padre. Después de la dictadura chilena continué con mi activismo en El Salvador, y ahora lucho desde un barrio en los suburbios de Estocolmo para impedir el rebrote de los movimientos de corte nazi en Suecia.*

Es precisamente en Suecia, donde el activismo político ha llegado a ser una opción seria para la segunda generación del exilio como es el caso de Lorena Delgado, chilena nacida en el exilio argentino de sus padres y emigrada a Suecia en los años ochenta. En elecciones locales de 2019 repostuló por el bloque de izquierda sueco Partido Verde, como candidata a concejala en un distrito con alta inmigración en el barrio de Skärholm al sur de Estocolmo.

> *Los problemas de desempleo juvenil y de vivienda en este barrio son altísimos. Me uno con la comunidad latinoamericana y las compañeras feministas que postulan igualmente a cargos en el gobierno local, porque tenemos que hacer un frente común. El barrio tiene un gran desempleo juvenil y es una de las comunidades más necesitadas de la ciudad donde habitan más de 55 mil personas.*

Si bien por toda la situación traumática que generó la represión en dictadura, los niveles de militancia formal en mujeres tras la democracia se mantuvieron respecto a 1973 y aumentaron paulatinamente desde el retorno a la democracia. Según el Servicio Electoral chileno, en

2024, las mujeres alcanzaban la militancia con un 48% del total de los afiliados, con mayoría en el Partido Comunista, seguida de Renovación Nacional y el Partido Socialista.

VII. La decisión del retorno

El fin técnico del exilio[13] fue celebrado en 1988; sin embargo, muy pocas mujeres se plantearon el retorno seriamente. La prolongación inesperada de la dictadura y la existencia de hijos en edad adolescente, que no sentían a Chile como su país sino el país de sus padres, también dificultó el retorno. Esto marca un antes y un después, porque ya finalizada su condición de refugiados por persecución política, por primera vez se plantean la posibilidad de considerarse también como inmigrantes, al prorrogar su estancia en los países de acogida.

> *Pensamos en volver, pero el problema es que era una decisión y mis hijas deberían haber tenido unos 15 o 16 años y no estaban por la labor. (Ana María Flores, exiliada en Madrid)*

Claramente el país de los hijos del exilio no era Chile y esto condicionó su permanencia para evitar un nuevo trauma a los hijos. Chile es el país de sus padres; un país casi mítico del que han escuchado las peores cosas –tortura, represión y miseria– o las más grandes maravillas –paisajes, familia, estilo de vida– (Bolzman, 1993).

> *Fue una discusión muy grande, pero no estábamos preparados en ese momento para regresar, aunque para muchas personas significó que podían volver. Creo que el triunfo del plebiscito fue una cosa importante, pero no había un cambio radical en ese momento. (Ana Dobson, exiliada en Canadá)*

---

13 El 1 de septiembre de 1988, por medio del decreto 203 del Ministerio del Interior de Chile se puso fin al exilio: "(...) Déjense sin efecto todos los decretos y decretos supremos exentos que, dictados en virtud de las atribuciones conferidas por el Artículo 41 N° 4 de la Constitución Política de la República disponen la prohibición de ingreso al territorio nacional de las personas que en ellos se mencionan (...)".

Creo que el tema de regresar era un tema muy presente en los padres y uno a veces también pensaba que teníamos que regresar. Pero ese proyecto no era nuestro, era el proyecto de nuestros padres. (Alejandra Quezada, hija de exiliados en Canadá)

Esta disyuntiva, con los hijos y el largo periodo de la dictadura, hizo que muchas mujeres se resistieran a la idea del retorno y decidieran quedarse en el país de acogida. También pesó en esta decisión los años cotizados en la seguridad social en un trabajo que tanto les había costado conseguir y la falta de garantías por parte del estado chileno de un plan de sanidad gratuita para ellas y sus familias, así como también la incertidumbre que rondaba respecto al reconocimiento de los años trabajados de cara a la jubilación. Esto las hizo pensar más bien en un retorno parcial, tras el término del periodo laboral, lo que implicaba estar seis meses en Chile y seis meses en el país de acogida.

Las mujeres que volvieron entre 1988 y 1990 se encontraron con un escenario un tanto adverso, debiendo enfrentar periodos de desadaptación, con dificultades para recomponer sus redes sociales dado que parte de sus amistades y familiares estaban presos, habían muerto o seguían en paradero desconocido. Esa situación dejó literalmente a cientos de mujeres en la más absoluta soledad, razón que explicaría su acercamiento posterior a las organizaciones de mujeres (Maravall, 2012).

A esto se sumó el hecho de que muchas militantes estaban fichadas –en especial en los primeros años– por las fuerzas de seguridad por haber formado parte de la oposición contra Pinochet. Con expedientes con antecedentes, difícilmente pudieron encontrar un empleo, alquilar una casa o pedir un crédito, lo que hizo más complicada su inserción social en el regreso.

Sin embargo, a cincuenta años del inicio del exilio la gran deuda pendiente que denuncia la mayoría de las exiliadas es la recomposición de los afectos. Esta en algunos casos sigue pendiente, porque, aunque han pasado los años, muchas confiesan tener el corazón dividido entre el país que les vio nacer, en el que intentaron una revolución democrática y el que les tendió la mano y descubrieron otros valores. Sería posible la existencia translocal, luego del retorno, como una forma de vida o pensamiento, pero el dilema del exilio, basado en la noción de una conexión significativa con el hogar, bien puede continuar en el tiempo e independientemente del lugar en que vivan las exiliadas (Eastmond, 1997).

Otra deuda más tangible, después de cincuenta años del hito que marcó sus vidas, es el propio reconocimiento a la figura del exilio, ausente en las tres comisiones de verdad que han elaborado los gobiernos siguientes al retorno de la democracia.

Sylvia Velázquez llegó a Inglaterra con tres hijos y gracias a la gestión de profesores de la universidad en Southampton, pudo continuar trabajando, mientras sus hijos se escolarizaban. A los años, cambiaron la residencia familiar por Londres, y fue ahí cuando Sylvia pensó en que el regreso a Chile sería cada vez más difícil.

> *A lo largo de estos años mis hijos se asentaron, hicieron una carrera y ya en el año 1988, al término de la prohibición que nos impedía volver, el tema del retorno no estaba en nuestros planes. Fundamentalmente era una cosa económica, porque yo de volver a Chile no tenía un espacio físico donde llegar, no como en Inglaterra en ese tiempo. Otra cosa es que los niños crecen y ya tienen su vida acá; ellos son chilenos de corazón, pero yo me demoré prácticamente más de diez años en visitar Chile, porque me negaba rotundamente a ir a la embajada a pedir pasaporte. Una tontería, una cosa ideal, romántica, pero lo hice. Lo más terrible es que tampoco quise ser británica, porque no soy británica, soy chilena. Pienso que como sea, este es mi lugar, aquí con tus hijos, tus nietas, vas creando raíces o un lugar donde, bueno, tienes tus compañeros, los pocos*

que quedaron. Esto de decidir quedarse de verdad te crea un conflicto, porque una al principio se siente como traidora, porque yo, a los 6 u 8 meses que estaba aquí, me di cuenta que ya no iba a poder volver en seis meses. Que iba a volver, sí volvía alguna vez, iba a ser a más largo plazo. Una cosa es visitar Chile, que es hermoso, la gente y todo, pero otra cosa es ir a vivir allí, ir a ganarse los porotos y a no ser que vayas con un trabajo desde acá, no veo cómo.

El mismo sentimiento embarga a Nolvia Domínguez, exiliada en Noruega quien pensó en volver en 1989.

Cuando fue la apertura democrática, ahí fuimos a ver cómo estaba Chile y me di cuenta que yo no estaba bien para incorporarme a Chile. Andaba viendo fantasmas en todas partes. Además, porque nos tocó estar días donde había mucha represión, sirenas, helicópteros. Estoy hablando del año 89, había elecciones y cuando vi que nosotros no éramos alternativa, nosotros, la izquierda revolucionaria, dije, ya no más, Nolvia, ándate a terminar tu carrera, dedícate a tu familia y ves después lo que vas a hacer. Yo tenía que hacer política, trabajar en contra del racismo aquí en Noruega, creando organizaciones, incluso fui dirigente de todos los estudiantes industriales. Yo me tenía que proletarizar para poder llegar a hacer un trabajo de masas. Y me enfermé, me operaron y no pude seguir estudiando, pero después cuando volvimos de Chile empecé a estudiar, a trabajar en jardines, a estudiar para educadora de párvulos y bueno, todo de nuevo. Estaba en ello cuando viene la guerra de Bosnia y ahí me di cuenta dónde estaba el problema, el problema lo tenía yo. Yo había tirado toda la mierda de la tortura y la represión sufrida en Chile debajo de la alfombra. No podía pisar porque era tanta la mierda que yo dije, Nolvia tenís que ir a un psicólogo, a un psiquiatra, y fui y abandoné la posibilidad de volver.

Maribel Avilés llegó a Francia en marzo de 1976, como reunificación familiar ya que su compañero –militante del MIR– había llegado a este país un mes antes. Los primeros años, vivieron en foyers con refugiados latinoamericanos y africanos, hasta que se asentaron en un departamento definitivo. Maribel, concejala socialista de la comuna de Orly, recuerda que los primeros años ambos pensaban que el exilio sería por poco tiempo, hasta que pasaron diez años y se levantó la orden que le impedía volver.

> En un momento dado había que decidir si había que volver o quedarse. Fuimos ambos con mi marido, pero para darnos cuenta que el país que había ahora no tenía nada que ver con el que habíamos dejado. Pero aquí pesó la decisión de nuestros hijos, que no quisieron irse a un país donde no conocían a nadie. Yo digo que Francia me adoptó a mí y yo adopté a Francia.

Ana María Pelusa, exiliada chilena que llegó a Londres en los años setenta con cuatro hijos, en 1992 intentó volver a Chile, pero la experiencia fue mala, porque se enfermó y no encontró trabajo.

> Chile no me dio la posibilidad de vivir allí, por lo que me volví inmediatamente. Nuestro exilio no ha terminado, porque seguimos con un pie allá y acá. Nuestra obligación moral es apoyar la demanda del pueblo chileno y mi exilio va a terminar realmente cuando exista una nueva democracia.

Cristina Alarcón confiesa que hicieron todo lo posible desde el exterior junto a Eulogio, sus hijas y los demás compañeros en el exilio, para dar a conocer los horrores de la dictadura fuera de Chile y cree que lo lograron; porque si no, confiesa, no hubiera sido posible llegar al triunfo del NO en 1988, fecha en la que la familia se reunió para evaluar la posibilidad de volver definitivamente a Chile. Pero la edad de sus hijas y el deseo de evitarles pasar de nuevo por el trance del des-exilio, hizo que la familia desistiera de esa posibilidad y se afincara ya para siempre en Barcelona. Pero la vinculación con Chile es diaria, ya que Cristina participa activamente en las tareas culturales del Centro Salvador Allende en el barrio de Horta, junto a Eulogio y sus amigos de toda la vida del exilio, Juan y Cecilia.

Conversamos con toda la familia la posibilidad de volver a Chile cuando acabó la dictadura, pero hubiera sido bastante cruel llevar a mis hijas a un país que ni siquiera nosotros teníamos muy claro si seguía existiendo.

Algo parecido pasó con Nivia Alarcón. Su familia en Grenoble llevaba solo seis años en Francia al momento del retorno a la democracia y era demasiado pronto para pensar en la idea de un retorno seguro. Por eso prefirió seguir trabajando en la resistencia, que ahora daba un vuelco para ayudar económicamente a quienes querían retornar al país. En esos seis años estudió, consiguió un empleo del que acaba de jubilarse y descubrió en una visita hace diez años a Chile que podía seguir su activismo de la mano de la cultura, con expresiones como el canto y el bordado de arpilleras.

Ahora voy a seguir trabajando por la transmisión de memoria, acá y con todas las personas que quieran seguir trabajando con nosotras y de todos los países que quieran decir, yo quiero contar la historia. No es necesario que sea una historia como la que pasamos nosotros, con dictadura, también puede ser una historia bonita, que quieran transmitir, pero para mi, yo voy a seguir trabajando la arpillera.

Y en Canadá, el mismo cuestionamiento tuvo Ximena San Martín.

En 1990 nosotros, como muchos compatriotas exiliados alrededor del mundo, empezamos a pensar en el retorno. Ya era tiempo, el dictador había caído y nosotros echábamos mucho de menos el país, la familia y los amigos. Desde el golpe cívico militar habíamos vivido esperando el momento de volver a Chile. Era una decisión difícil de tomar. Estábamos muy acostumbrados en Canadá, teníamos muchos amigos, profesionalmente nos iba muy bien, pero había algo que faltaba y

que nos hacía pensar una y otra vez en la posibilidad del retorno.
Sobre todo el hecho de que se nos presentaba la oportunidad de lle-
gar a Chile y aportar allí con todo el conocimiento y la experiencia
profesional que habíamos adquirido a lo largo de los años en Canadá.
Era como una responsabilidad que sentíamos hacia Chile de volver y
ayudar en la reconstrucción del país.

Tal vez estos testimonios no hagan otra cosa que reafirmar la tesis
de la antropóloga Lisa Malkki, en su investigación sobre el concepto
de pureza y exilio en los refugiados Hutu en Tanzania, donde señala
que el verdadero retorno no es a un territorio físico, sino se produce
ante la culminación de las tribulaciones en el exilio (1989). Para la
autora, la identidad es siempre móvil y es considerada un proceso
de autoconstrucción, en parte, por la categorización de otros: una
condición, un estado, una etiqueta, un arma, un escudo, un fondo de
recuerdos. Definir la identidad solo por el lugar de nacimiento es no
ver la multiplicidad de vínculos que establecen las personas con los
lugares cuando se vive en ellos, recordarlos e imaginarlos.

VIII. La escritura como catarsis

El relato del exilio en las mujeres dista mucho del relato de los hombres. Ellos suelen ponen el énfasis en la epopeya, en la heroicidad de la lucha, en la historia positivista o la filiación político partidista, ellas centran la atención, además, en otros aspectos como las redes de amistad y afectos, el activismo no formal, el contacto con el interior desde el exilio y la responsabilidad de la crianza y la inserción al trabajo, que, en muchos casos, se dio por primera vez en el exilio. Algunas derivaron hacia la escritura literaria a través de novelas, cuentos o poesía. Otras, la mayoría, escribieron autobiografías. La escritura brota desde los detonantes más diversos, incluso opuestos o inesperados, indeseados o anhelados, por señales mínimas o grandes manifestaciones.

Verónica Álvarez es una prolífica escritora. Y en cada uno de sus escritos, desde Inglaterra, hay fragmentos autobiográficos que disfraza de personajes novelescos y paisajes que han influido de una u otra manera en su vida. Así se refleja en su última novela La flor del desierto, dedicada a su Iquique natal, en la que una muy autobiográfica Javiera Francisca tiene flashbacks de su pasado en plena pandemia mundial de 2020.

> Un sinfín de recuerdos cruzan por su mente nuevamente y pensar que todo aquello ocurría en un lugar tan pequeño, en un grupo reducido de amigos que se daban cita en La Plaza, la Catedral, la Gaviota, el Casino Español, el Yogolavenski Dom, Il Circolo Italiano o la Filarmónica, la calle Baquedano, para terminar en el camino de La Costanera, donde comenzaba el balneario de su juventud y las playas vírgenes que bañan el litoral: todos jovenzuelos de buen pasar que jamás salíamos fuera de los lindes que rodeaban la plaza y el mar; nos tenían prohibido ir hacia el Iquique profundo; hacia el mercado

de verduras y pescado; hacia lugares donde bullían clubes nocturnos no recomendables; hacia barrios de juegos de azar: hacia todo lo que parecía, además, muy lejos. Sin embargo, esos barrios estaban a pocos pasos de la calle Vivar y los padres temían esa cercanía y la curiosidad de sus hijos más que nada desasosiego ante algún peligro.

Edith Chaín, escritora y comunicadora chilena de origen sirio se fue al exilio a España. Sobrevivió desde 1973, su temprano exilio en Madrid, gracias a la escritura de guiones radiofónicos en importantes cadenas españolas de radio y televisión. Su espíritu poético iba derramando en el papel sus más íntimos secretos, mezclados con sus anhelos y también con el sufrimiento que le causaba la inmensa distancia que la separaba de su madre, de sus hermanos y de sus amigos y amigas, que continuaban viviendo en Santiago de Chile, soportando las insensateces y los trastornos provocados por la dictadura. Es precisamente ese primer relato, casi grito poético del exilio, lo que devela Nostalgias líricas, donde se refleja esa impotencia y tristeza del exilio, expresada en 13 poemas.

Mi calle se llamaba Unión.

No era ni larga ni corta.

Tenía doble dirección

mucho ruido, muchas cosas,

muchos autos y camiones;

muchos niños que en la hora

del colegio hacían gran alboroto.

Pero a la hora de la siesta

no se oía ni una voz.

Mi calle se llamaba Unión.

¡Ah! La vecina de enfrente...

se asomaba a todas horas

mirando inquisitoriamente

a todos los que pasaban.

Mientras sus manos inquietas

hacían punto de prisa,

su aguda mente inventaba

miles de historias ficticias.

De su vecino que arriba

tocaba la mandolina

y de su imposible amor

por la hija de otra vecina.

(Calle Unión, en Nostalgias Líricas)

Si bien Edith escribe poemas, guiones, discursos, salta rápidamente a la novela, donde su pasado exiliar se mezcla con los recuerdos heredados de la cultura siria. Así, tradiciones que de alguna manera solapada critica en su escritura, se mezclan con las vivencias de una mujer trasplantada y con el dolor del desarraigo, que es ella misma. Esto se deja entrever en las novelas, *Fadua, la impetuosa doncella de Homs*, o en *La trovadora de Jerusalén*, o en el relato familiar *Nahima, la larga historia de mi madre*, por citar algunas.

> *Lo normal era que el hombre que solicitaba a una hija del dueño de casa para convertirla en su esposa no la conociera, ni mucho menos estuviera enamorado de ella. Otro tanto ocurriría con la joven: como no sabía quién era el hombre que la solicitaba, malamente podría estar enamorada de él. Así que la situación causó impacto en todos. En los padres de Fadua, que descubrieron allí que su hija amaba apasionadamente a Alí y que este le correspondía de la misma manera. En el padre André, que ya había reaccionado alabando a Dios y pidiéndole, en silencio, su bendición para los enamorados. En Alí y Fadua, sorprendidos por la rapidez con que se estaban desarrollando los hechos. Pero, en el fondo, la respuesta de los cinco fue altamente positiva. Mannur besó a su hija en la frente y ambas entraron en la vivienda, dejando solos a los hombres para que finiquitaran el compromiso.*
> (Fragmento de *Fadua, la impetuosa doncella de Homs*)

Aproximaciones biográficas inesperadas, que tienen claramente un sentido de revisión del pasado y una suerte de recopilación de anhelos y metas cumplidas y otras fracasadas, se observan en las memorias autobiográficas de Lidia Aguilera y Ximena San Martín.

Lidia Aguilera, vive en Burdeos desde 1976 y escribió hace algunos años la novela biográfica *Por los senderos de una vida o la memoria anclada en el recuerdo*. Un relato que tiene por objetivo el legado familiar y la reconstrucción de sus años en el norte de Chile, cuando fue una acérrima impulsora del proyecto de la Unidad Popular y lo defendió comprometida con la creencia de que este proyecto político devendría una educación más horizontal, igualitaria y de calidad.

Acogidos por France Terre D'Asile y rodeados de compatriotas en nuestra misma situación; nos instalamos provisoriamente en la señorial casa familiar, más bien castillo como es la "Maison Familiale de Mourlerens" en la comuna de Gradignan, donde transcurrieron los primeros meses de este exilio, destinados a tratar de aprender y hablar francés. Recuerdo esas clases dadas por la señora Hoibian (la esposa del Director del organismo que nos acogía): todos sentados en semicírculo, repitiendo como pobres loros, palabras o frases que se iban distorsionando a medida que cada uno de nosotros la masacraba, era verdaderamente una escena digna de un sketch. Os dejo un pequeño botón: "Je suis une femme", que al final terminaba en "yo soy infame". Una vida apacible, los días se iban dulcemente uno tras otro, pero mi corazón de madre y mi consciencia de maestra sabía que este entorno no convenía a nuestros hijos; más aún sabiendo que su porvenir estaba en juego, por ello no dejaba de insistir cada vez que se presentaba un miembro de France Terre D'Asil, para que nuestros hijos fueran inscritos lo más pronto posible en un establecimiento escolar, obteniendo siempre la misma respuesta: cuando aprendan francés, cosa imposible en ese ambiente caricaturesco de aprendizaje.

Ximena San Martín, exiliada en Canadá desde prácticamente el inicio de la dictadura, se recrea en la situación de salida de Chile, realizada en circunstancias bastante adversas, que demuestran que aún una mujer autónoma, profesional y militante, tuvo serias dificultades para salir con un hijo recién nacido en dictadura. Desde un breve exilio en Centroamérica hasta una larga vida en Canadá, donde da cuenta no solo de la crianza, sino también de la posición de postergación de la carrera profesional de las mujeres exiliadas, aún cuando tengan la misma profesión que sus parejas. En el caso de Ximena, ella tenía mejores competencias en el idioma inglés que su marido, sin embargo, fue él quien se desarrolló primero en el ámbito profesional y luego lo tuvo que hacer ella.

> *Nos fuimos a entrevistar con nuestro consejero polaco quien se negó a ayudarme financieramente con el curso de perfeccionamiento, con la excusa de que yo tenía tres hijos y debía quedarme en casa cuidándolos. Esto significó que yo tuve que seguir trabajando en el hospital, porque el dinero que le daban a Forna no era suficiente para los cinco y estudiar de noche después de que los niños se dormían...* (Extracto del libro Desarraigo. El Golpe de Estado en Chile y los laberintos del exilio)

Capítulo aparte merece la obra autobiográfica Desde el tejado de la abogada, activista y exministra de la Corte de Apelaciones de Santiago, Alicia Herrera. Si bien no se pudo hacer una entrevista para este libro, ya que ella falleció en 2013, sí se pudo acceder al libro editado en 2008, que gran parte de las exiliadas en España, citan. En Desde el tejado, de una manera entretenida pero rigurosa, va sorteando las etapas de su vida desde que estudió Derecho, hasta cómo partió al exilio primero a Rumania, luego a la RDA y finalmente a España, donde encontró una realización profesional organizando grandes congresos, reuniones y grupos de trabajo en Europa, junto con otros abogados chilenos y partidarios del movimiento de solidaridad, para defender a los detenidos y sus familias en Chile. Pero no sólo eso. Alicia Herrera luchó de una manera activa por los derechos de la mujer en España, abriendo un importante camino a las denuncias de los hechos de violencia machista que podrían registrarse en la transición, poniendo el dedo en la llaga en los partidos políticos en democracia, que descartaban estos temas en la agenda.

> *De repente observamos que los hombres nos miraban en forma despectiva y crítica. Estábamos hablando de las mujeres y ese tema, al*

parecer, no era digno de tocarse. El tema de la mujer -decían- separa a
la clase trabajadora. No pensaban que los maltratos a la mujer, en los
hogares violentos, acostumbraban a los hijos a soportar el abuso y la
explotación de los patrones. (Fragmento del libro *Desde el tejado*).

En otro registro, expandiendo y centrando el relato a los horrores
de su periodo en el centro de tortura Cuartel Terranova, en la Casona Villa Grimaldi, está el relato "Una mujer en Villa Grimaldi" de
la prolífica Nubia Bécker, que contó su experiencia como prisionera
en el centro de detención y cuya hija, Betzie Jaramillo se exilió en
Madrid. Es importante evidenciar la tortura contra la mujer, porque
forma parte de un cierto pacto de silencio del que no se habló en
los informes de verdad en los primeros años finalizada la dictadura. Su invisibilización, evidenciando que el aparato represor tenía un
tipo de tortura especializada y sistemática contra la mujer, fue en un
primer momento de la democracia realizado también por los partidos
políticos, por lo que es importante citar el testimonio autobiográfico
de quien lo vivió en carne propia, para que tenga igual condena que el
resto de quienes sufrieron esa atroz experiencia[14].

La celda de las mujeres era una pieza de adobe de unos veinte met-
ros cuadrados. Tenía una sola ventana con vidrios empavonados, que

---

14 Un ejemplo de este segundo plano en que se ubica la tortura de la mujer, tratando de invisibilizarla, o negar su especificidad como objetivo en algunos casos, se
evidencia en toda la complejidad que tuvo el reconocimiento del centro de tortura
La Venda Sexy, ubicado en la calle Irán 3037 en Santiago de Chile. Al respecto se sugiere consultar el trabajo periodístico de la investigadora Nancy Guzmán, también
exiliada en Colombia, *La venda Sexy, la casa de la calle Irán 3037 crónica de un centro de*
tortura. El tema saltó ese mismo año a la pantalla con el cortometraje *Bestia* (2021),
dirigido por Hugo Covarrubias, inspirado en Ingrid Olderöck, agente de la DINA
durante la dictadura de Pinochet. Fue nominado para los premios Óscar en la categoría de mejor cortometraje animado el 8 de febrero de 2022, convirtiéndose en la
quinta producción chilena en ser nominada a un premio de la Academia.

daba al patio donde desembarcaban a los prisioneros. Era paso obli-
gado para ir al baño y a los interrogatorios. La puerta estaba situada
a un costado y comunicaba con un pasillo abierto que la separaba de
otro bloque de piezas. Una de ellas era sala de tortura (...)

En la pieza había tres literas, que hacían un total de seis camarotes de
una plaza, donde nos amontonábamos para dormir a medias. Tam-
bién había una silla y un cepillo de dientes, cuya procedencia nadie
conocía, pero era usado por un número fluctuante de treinta a treinta
y cinco prisioneras que ocupaban temporalmente la habitación. El
olor de treinta y tantas mujeres hacinadas, que durante la semana
no se habían lavado ni cambiado ropa era insoportable. Los guardias,
para humillarnos, se tapaban la nariz cuando entraban. (Fragmento
de "Una mujer en Villa Grimaldi")

En un ámbito de investigación periodística la exiliada Patricia
Mayorga escribió *El cóndor negro*, una crónica sobre el atentado en
Roma al líder democristiano chileno en el exilio, Bernardo Leighton,
y su mujer, Anita Fresno. Pese a que Patricia ha escrito otros libros, es
interesante este no solo por su rigor en la investigación, sino porque
el hilo conductor precisamente es el relato de la principal testigo en el
atentado, Ana Fresno. Es en este relato, hecho por una mujer, donde los
acontecimientos y el tratamiento del libro toma otro cariz, mezclándose
el testimonio y los recuerdos de la víctima, con las descripciones de
la propia Patricia, de una ciudad que conocía perfectamente, Roma,
transformándose en el caldo de cultivo perfecto para encajar su pasión
de periodista, la militancia heredada de su partido y expresada en su
actual trabajo en el sindicato y su mirada como exiliada que llega a una
tierra amable pero no por eso segura en la época.

Yo también caí al suelo en ese momento y como él estaba atrás, me
di vuelta como pude y vi que había caído de boca. No se veía nada.
Entonces, haciendo un esfuerzo enorme, logré ponerme de espaldas y

después ya no moví nada, nada. Con horror, se da cuenta de que el compañero de toda su vida yace inmóvil, sin conocimiento. Una de las balas le había atravesado el cerebro. La mujer empieza a pedir socorro a gritos, "en italiano". Al principio le parecía que no la oían, pero pronto escuchó voces de personas que se acercaban: –Fue tan espantoso. La gente gritaba, lloraba, decía horrores contra Pinochet, contra el gobierno chileno, porque en ese edificio vivían otros latinoamericanos que nos conocían. A pesar de su estado, Anita Fresno hacía callar a quienes acusaban del delito al gobierno chileno: –Yo les pedía que por favor dejaran de gritar, que no hablaran más. No es el momento de juzgar, les decía y eso calmó un poco a la gente. Explica que, como católica, le pedía –y pide– a Dios que perdonara a quienes atentaron contra su marido; y como lo explicaría después a Otto Boye, autor de Hermano Bernardo, estaba segura de que esos sentimientos también interpretaban plenamente a su marido. Entre toda la gente presenciando esta escena se encontraba el portero del condominio. Anita recuerda: Lloraba a mares, pero tuvo la idea de avisarle a nuestro sobrino Guillermo Canessa, que vivía con nosotros. Gracias a Dios, él estaba en el departamento. (Fragmento de El Cóndor Negro)

Cualquiera que haya sido la escritura adoptada por estas mujeres: poesía, novela, escritos periodísticos, autobiografía, lo cierto es que para todas significó una tabla de salvación contra la nostalgia, el dolor o la posibilidad de poder imaginar cómo hubieran sido sus vidas tras el instante congelado de la partida. Pero en sus escritos no solo hay dolor. También hay risas, sentires, superaciones personales y transformaciones, que son valoradas como positivas y son sinceras al reconocer en que estas últimas no hubieran tenido lugar sin el exilio. *Como mejor dice la autora argentina Tununa Mercado en Estado de Memoria:* "Hay un largo periodo en los retornos, el de la evocación, pautado por señales que se producen a cada paso, como si una masa de significaciones hubiese estado a la espera de quien la excitara para desencadenarse, irrefrenable" (1990).

IX. El textil como resistencia

El bordado, como estrategia gráfica desarrollada en tiempos pausados, es un ejercicio de reflexión, calma, introspección y memoria. La acción de coser, en la que las imágenes y mensajes surgen lentamente, no solo disloca los ritmos y la temporalidad de la denuncia, sino que la hace más urgente, las materializa y en su construcción, la colectiviza. Se trata de denunciar las injusticias, de luchar, pero rescatando la sensibilidad, el cuidado y los colores de la vida; el estar juntas como una forma de resistencia y contraposición a las violencias y a su banalización.

Tras el golpe cívico militar en Chile, surgió la necesidad de organizar instancias de apoyo, protección y defensa de las víctimas de las violaciones a los derechos humanos. Una de ellas se fraguó en torno al bordado de textiles, con trozos de tela de ropa de familiares de las víctimas. La técnica de la arpillera –composiciones a bases de aplicaciones de trozos de telas adheridos sobre una tela de saco, con puntadas básicas de bordado y costura–, se utilizó como un medio de terapia que permitió a sus creadoras plasmar sus vivencias y el luto en sus puntadas. Tanto fue su poder, que hasta fue temida por la dictadura, quien las condenó públicamente como material subversivo, tapetes difamatorios o artesanía sediciosa (Adams, 2013; Vinyes, 2017) incautada por la dictadura, pero que finalmente pudo salir del país con sus mensajes gracias al apoyo de organizaciones y de algunos particulares, que las llevaron por Europa, Norte América y hasta Japón a través de redes solidarias comprometidas (Bacic, 2013).

El trabajo resultó eficaz y comenzó a enseñarse en las poblaciones en distintas ciudades del país, especialmente en la Región Metropolitana y en el Centro Sur, ya no solo como una terapia, sino como un taller laboral. Las arpilleras partieron como un medio de expresión para que las mujeres contaran sus historias y hablaran de sus familiares desaparecidos, nacieron con conciencia crítica y con el deseo de retratar la cruda realidad, pero también surgió el interés por retratar la cotidianidad de las poblaciones, por lo que el mensaje político cambió y posteriormente se representó también la pobreza y la carencia (Rosentreter y González, 2023).

Fue así como paulatinamente, a la urgencia de testimoniar expresada por las primeras arpilleristas se va uniendo un afán de denuncia y en muchos casos una práctica solidaria y comprometida. Esta se manifiesta en la realización clandestina de arpilleras, pero también en la organización de iniciativas para combatir la miseria de las poblaciones y en la participación en manifestaciones y protestas callejeras. De ese modo, las mujeres que cosen arpilleras asumen una responsabilidad en la defensa de la justicia y de la democracia que va más allá de la expresión pública de un dolor personal. Paralelamente, es este proceso de empoderamiento el que las empuja a salir a la calle, fuera de los límites de lo familiar; muchas mujeres tomarán consciencia de su posición subordinada dentro del hogar e incluso del maltrato que algunas reciben de sus parejas (Vinyes, 2017). Esta acción de resistencia no violenta podría inscribirse en el espacio de una resistencia doméstica, no solo por su origen, sino también como recurso de subsistencia alimenticia (Agosín, 2008) y con un claro componente defensor de la vida, si abarcamos el trabajo colectivo inscrito en las asociaciones de Derechos Humanos. O simplemente, en tanto defensa de derechos de la mujer, desde una perspectiva claramente feminista (Richard, 2008).

Así como fue el lienzo de lucha en la residencia al interior, la arpillera también constituyó una herramienta más de resistencia de las mujeres en el exilio y ha tenido una constante evolución hasta nuestros días, denunciando el Estallido Social chileno y otras reivindicaciones actuales.

En las exiliadas entrevistadas para este libro hubo claros ejemplos de la arpillera como un instrumento reparador para tratar de superar el trauma de la experiencia del exilio. Como se ha señalado, no únicamente de las consecuencias directas que podría tener sobre la primera generación o de quien padeció en primera persona la represión o la violencia política, sino también para unir, pegar, coser esos dos mundos insondables que se tejieron entre madres e hijas y que el silencio separó aún más en el exilio. La arpillera, para las entrevistadas, fue un descubrimiento tardío y casi epifánico, que sirvió de lienzo en blanco para contar la experiencia del exilio, con todas sus precuelas y secuelas.

En el caso de las hijas, coser junto a sus madres o en grupos de más mujeres exiliadas de distintas generaciones, implicó el hablar de lo silenciado, sin prejuicios, en un ambiente seguro, entre compañeras, respetuoso y conciliador con los dolores pasados. Pero también con los presentes, ya que los dolores y anhelos por un Chile mejor se habían transformado y ahora se bordaba para denunciar otras injusticias, herederas por supuesto del neoliberalismo y la dictadura. En otros casos, así como en las arpilleras originales hechas por las mujeres madres, hermanas o esposas de detenidos desaparecidos, además del fin reparador y escenificador de un rito que no fue, aparece también el componente económico, de subsistencia, transformándose en el exilio y en el post exilio en una herramienta de supervivencia y subsistencia.

Nivia Alarcón fue la de la epifanía. Literalmente su dolor se había encapsulado durante cuarenta años y había quedado aparcado en pos de la superación personal, la inserción en la sociedad francesa, la red de amigos o el papel unificador de la familia. Sin embargo, cuando en 2013, en el contexto de la conmemoración de los cuarenta años del Golpe de Estado, visitó la colección de arpilleras históricas del Museo de la Memoria y los Derechos Humanos, su corazón, su mente, su cerebro hizo click y conectó con todos estos dolores pasados. Surgió entonces la urgencia por contarlo todo y no solo ello, sino transmitirlo a las próximas generaciones, no quizá con el afán del nunca más, que ya sabemos, hoy por hoy parece una prédica en el desierto, sino que con el afán de echar fuera sus propios fantasmas y sanarlos para sí misma y con quienes le rodean.

Todos estos recuerdos amargos habían quedado almacenados en mi mente y no afloraron hasta 2013, un día en que estando en Chile, visitando el Museo de la Memoria y los Derechos Humanos y su colección de arpilleras de la resistencia hechas por las familiares de detenidos desaparecidos, estallé en llanto y dije: esto es lo que tengo que hacer, contar todo lo que viví a través de la arpillera, no puedo hablar, no puedo cantar, pero puedo bordarlo. Así nació un nuevo camino de catarsis y activismo que llega hasta nuestros días, y se enriquece con nuevas arpilleras que hago, que sacan afuera mis recuerdos. (...) En mis arpilleras cuento nuestra historia, hablo de nuestra historia en familia, de nuestra resistencia, de lo que pasó en Chile, hablo de mi historia aquí en Francia y muchas cosas que necesito expresar, dentro, con el género, con el hilo, decir cosas que yo tal vez nunca pude decir, las estoy diciendo en la arpillera, estoy exprimiendo mi vida, nuestra vida, la vida de mi compañero, de mis hijos, de mi hija y es lindo, es una forma de terapia que me ayuda, me transporta hacia el futuro, porque me siento contenta, va a ser un legado muy rico para toda la familia, mis nietos. Cuando comienzo una idea de la arpillera, reflexiono sobre cómo empezar, de qué manera hacerla y poco a poco con la experiencia de haber hecho arpilleras, va saliendo. Al principio era difícil, había lágrimas en mis ojos, pensaba muchas cosas que habíamos pasado de las que no había podido hablar, y la estaba en ese momento expresando en un pedazo de arpillera, pedacitos de telas, que me salían poquito a poquito. Yo estaba realmente admirada de mi misma, de que podía sacar fuera todo lo que yo sentía adentro, podía decirlo aquí y eso para mi fue rico, me ayudó y ahora puedo hablarlo y puedo expresarme, decir cosas que antes no salían.

Verónica de Negri hace en Washington diversos talleres de arpillera. La llaman de universidades para mostrar la técnica, contar su historia de vida, por supuesto y charlar sobre las cuestiones de la memoria entre retal y retal. Verónica conoció la arpillera desde sus inicios, bordando desde los centros de detención. Hacerlo ahora le gusta, le da vida, sobretodo por charlar con gente joven, gente que quizá tenga la edad que tenía Rodrigo, su hijo, cuando partió en horrorosas circunstancias a manos de los esbirros de la dictadura[15].

Una de las razones del porqué yo empecé con la arpillera, fue cuando estaba detenida en el campo de concentración de Tres Álamos. Ahí realizaba a petición algunas arpilleras e hice dos, una tenía que ver con el exilio y la otra tenía que ver con ser detenido desaparecido, porque en esa época, en el año 76, los desaparecidos eran día a día y eran demasiados. La arpillera la continué realizando en Estados Unidos porque la arpillera cumple muchas funciones. Es verdad que cuando estábamos detenidas nosotras vendíamos nuestro trabajo a la Cruz Roja o a instituciones europeas para que las vendieran y de esa manera podíamos sustentar a nuestras familias. Vemos como las arpilleras mismas sirvieron para hacer justicia, ya que en la justicia chilena ha habido pocos casos que han sido enjuiciados porque pertenecen a otra clase social y han sido afines a la Concertación.

Con su componente de técnica reposada y gregaria, que exige juntarse para bordar, reunirse para coser y construir memoria a través de retales de tela, la técnica de la arpillera y el textil en general se transforman en un importante conductor de memoria, escenario para hablar de vivencias traumáticas compartidas en un ambiente seguro,

---

15 Verónica es madre de Rodrigo Rojas, el joven fotógrafo quemado vivo por una patrulla militar en julio de 1986, junto a Carmen Gloria Quintana, y abandonados luego en una zanja en Quilicura, Santiago de Chile. Carmen sobrevivió con graves secuelas; Rodrigo murió tras agonizar durante cuatro días.

según cuentan las mujeres exiliadas que han encontrado en esta técnica un camino catártico en el que siguen transitando. Esta acción
del bordado, transgeneracional, femenina, íntima, incluso transnacional en el caso de invitar a mujeres de otras nacionalidades a crear
arpilleras, constituye una práctica cuyo análisis permite explorar sus
dimensiones y verdaderas propiedades sanadoras en los procesos de
recuperación del trauma tras hechos de violencia política.

Antonieta Pardo, hija de Nivia Alarcón, ha heredado esta técnica que
abrazó desde muy temprana edad, sumándola a su trayectoria como
artista plástica y activista. Podría haber estado como sus hermanos,
apartada del activismo militante, pero eligió tomar el testimonio de
su madre y acompañarla en esta epifanía intergeneracional que le ayuda a sanar el trauma de la segunda generación del exilio.

> *Mi madre había preferido hasta ahora no salir en ningún documental
> que hablara del exilio. Las razones por no dar su testimonio eran la
> imposibilidad de superar sus emociones que bloqueaban su palabra.
> Quise explorar con ella su memoria y abrir su palabra hacia la
> transmisión de esa memoria a través de la creación artística. Para
> eso creamos pequeños talleres de confección de cuadros en textil, las
> arpilleras. Fueron una primera etapa en el camino creativo, en la
> superación de emociones dolorosas y en la transmisión de una historia
> en relación con las violaciones de los derechos humanos. Nivia habla
> siempre con pasión de las arpilleras. Es el objeto artístico que le
> permite contar y tomar distancia con sus emociones para por fin
> poder contar lo que vivió y lo que sintió, lo que vive y lo que siente
> hoy. Es una etapa indispensable para poder transmitir a sus nietos
> una parte de sus historia.*

Ximena Pardo, Juani Colque, Sylvia Velázquez y Ana María Pelusa, son
algunas de las arpilleristas de Londres, del colectivo Bordando por la
memoria. Han bordado de todo, llevan casi siete años de trayectoria y
su activismo crece porque su trabajo no termina con el bordado de los

tres mil nombres de ejecutados y desaparecidos en dictadura, sino que se suma cada vez más a las nuevas problemáticas del Chile actual o del propio Reino Unido, que ha cerrado férreamente fronteras contra los inmigrantes[16], un panorama que en absoluto es el que las acogió a ellas y a sus madres hace cincuenta años.

El bordar, coser telas, expresar el dolor y la herencia de un trauma reflejado en el textil, ha sido especialmente sanador para las hijas del colectivo. Ximena Pardo, ha hecho su propia obra y se junta telemáticamente también a bordar con otras mujeres exiliadas en el mundo un día a la semana. En el grupo participan desde las exiliadas que volvieron a Chile, hasta algunas que se quedaron en lugares tan recónditos como Australia. También tiene su propia obra textil que escapa ya al ámbito de la arpillera, pero que tiene la misma fuerza y que le ha ayudado en su proceso de búsqueda interior y sanación física y mental.

Mi forma de entender lo que vivieron mis padres es a través del arte. Cuando era chica me gustaba dibujar y eso lo llevo conmigo, estudié pintura y ahora enseño arte. Después de que me enfermé traté de trabajar más con los textiles que son más suaves y más fáciles de trabajar con mis manos y sobrellevar el dolor. En estos últimos años, lo he hecho a través de "Bordando por la memoria" donde trabajamos junto a otras personas con temas como la memoria, el exilio y testimonios de la dictadura en Chile. Eso me ha ayudado a aceptar mi identidad de exiliada chilena, pero también enfocarme más en lo internacional y la solidaridad con otros pueblos, porque nos reunimos no solo para hacer bordado sino para mostrar solidaridad a través del textil, con varias causas actuales, por ejemplo, con Palestina.

---

16 Al cierre de la escritura de este libro, en mayo de 2024, el Ministerio británico de Interior anunció la medida de detener inmigrantes y deportarlos para enviarlos a Ruanda.

Afincada en lo textil, la memoria de Tatiana Donoso, hija de exiliados que se fueron a Rumanía en 1974 y que hoy vive en Barcelona, también ha tenido una inspiración que ha decantado por el arte gráfico.

Para mi, la práctica artística me ha permitido atravesar la vivencia del exilio, de la fractura de los vínculos y la sensación permanente de no pertenecer; todos estos temas dolorosos he podido nombrarlos y atravesarlos desde el ser artista y tejer un lugar propio donde poder ser, habitar y vivir esa memoria de una manera más ligera, sin tanto dolor y silencio heredado. Se trata de crear mi propia memoria desde el arte. Para mi el textil es algo muy vinculado a mis abuelas, a mi madre, al tiempo que pasaban cosiendo y tejiendo y a cómo me enseñaron esos saberes. Es una escritura igual que el abecedario: nos sirve para escribir nuestro nombre y luego con el tiempo y el deseo tal vez escribir una novela, el textil y el bordado es un lenguaje que me enseñaron de niña mis abuelas, a expresar su vínculo con el mundo desde lo que hacían con las manos, que servía para vestirse, porque eran mujeres muy humildes que tejieron y cosieron su ropa y la de su familia. Y usar este lenguaje es seguir en diálogo con ellas, es honrar nuestro vinculo y nuestra memoria de amor y pérdida.

Bordado, patchwork, tejidos, lo que subyace a todas estas expresiones es la idea de trama, de tejido, de tejer historias como lo relata Irene Vallejo en El infinito en un junco: Si toda la vida las mujeres nos hemos dedicado a tejer historias, heredadas de otras mujeres, contadas en la intimidad o en espacios públicos, qué importa si lo hemos hecho desde siempre o lo hemos descubierto tardíamente. Lo que importa es que las seguimos transmitiendo y lo seguimos diciendo en otros códigos, más allá de la palabra.

Por mucho que se empeñe Telémaco en gobernar las palabras e imponer el silencio, tarde o temprano nacen versiones del mito desde el punto de vista de Penélope y las demás mujeres, las tejedoras de historias. (2021)

Exilio ll / Exile II (Woman mourning those who have been exiled)
Arpillera chilena, Violeta Morales, 1884, Colección Marjorie Agosin
Foto: Martin Melaugh @ Conflict Textiles.

Arpillera de Nivia Alarcón

Cassettes of exile / Cassettes del exilio, (2021) Arpillera chilena,
Jimena Pardo, 2021, Foto: Martin Melaugh @ Conflict Textiles.

Exilio / Exile (Women at the airport), (1978c)
Arpillera chilena, Anónima, 1978, Colección Marjorie Agosin
Foto: Martin Melaugh © Conflict Textiles.

Epílogo

Las tensiones que hubo en los últimos años del gobierno de Salvador Allende protagonizadas tanto por sus detractores, como al interior de su propia coalición, estallan en un Golpe de Estado protagonizado en 1973 por el general Pinochet, que va a cambiar radicalmente el curso de la historia de Chile. No solo por la crueldad de la estela de crímenes de horror, muerte y desaparición que dejó en 17 años, sino porque el impacto menos dimensionado de la dictadura –que se prolongó hasta 1990– el exilio de alrededor de 400.000 chilenos, que tuvieron que emigrar intempestivamente a países de acogida en los cinco continentes.

El golpe termina con el sueño de construir una sociedad más igualitaria, con mayores beneficios sociales y una repartición equitativa de la riqueza del país. De este proceso colectivo participa activamente la sociedad civil y en especial los jóvenes quienes, influidos por el determinismo de la generación del 68, quieren ser sujetos activos de este cambio. Pero también las mujeres, estudiantes y trabajadoras, que sintonizan con el programa de gobierno de la Unidad Popular, que promete mayores cuotas de representación en el gobierno, facilidades para el acceso a la educación y la salud y una serie de medidas sociales que influyen, como nunca antes en la historia de Chile, en el proceso de emancipación de la mujer y un mayor papel en el activismo político.

El sueño concluye y quienes escaparon a las ejecuciones o a la desaparición –no así a las prisiones– partieron al exilio gracias a las fervientes muestras de acogida a toda esa población dispersa en el mundo por parte de la comunidad internacional. Sin embargo, los países de acogida recibieron de distinta manera a las familias de exiliados chilenos. No fue la misma recepción en los países con estados benefactores consolidados tales como en Francia, Suecia, Dinamarca o Noruega que en países limítrofes o en la península ibérica, donde la figura del refugiado aún no estaba consolidada.

Las vivencias del exilio femenino, que representó el 30% de las personas que tuvieron que abandonar el país, su relato, el foco y las formas de transmitir y sanar la memoria del trauma, presenta diferencias significativas en relación a las vivencias de los exiliados.

En los testimonios recogidos de las exiliadas, pueden advertirse ciertas marcas que desvelan relatos paralelos al relato épico registrado en clave masculina, que hacen más complejo el conocimiento de lo que pasaba al interior de las comunidades de exiliados chilenos y de sus familias. Ellas demuestran un mayor pragmatismo a la hora de resolver las cuestiones cotidianas y una mayor soltura y afinidad a la hora de mantener lazos familiares en el país de origen, como de forjar nuevas redes en el país del exilio. Este relato tiene sus propias marcas y evoluciones. Son fruto de la reflexión, las oleadas de posiciones personales frente al exilio y el surgimiento de memorias que florecen una y otra vez, trayendo sensaciones al presente que son complejas tanto por el mensaje y sus implicaciones, como por la propia manera en que eclosionan hoy en el presente. Tratan involuntariamente de subsanar esas *injusticias epistémicas* (Fricker, 2017) que durante años se han reproducido socialmente y que hoy pareciera que existiera un espacio para compensarlas.

Ya se ha dicho que sacar este testimonio fuera a las entrevistadas no fue tarea fácil. Tras un breve fragmento hay horas de conversaciones, negociaciones con la familia, grabaciones, charlas informales, mails, primeros contactos. Hay que romper la barrera del silencio y explicar, justificar por qué es importante que esa mirada de la alteridad tenga hoy su lugar junto a otras. Otras como ellas, hijas de otras como ellas. Hay que romper una y otra vez también la barrera de la desconfianza porque lo que se va a contar forma parte del espacio íntimo, que cuando se soñó público fue arrebatado. ¿Por qué volver a confiar, esta vez en una desconocida? Es lo que en esta investigación se planteó constantemente desde el diseño de las preguntas hasta la forma de exponer en un conjunto, el testimonio entregado.

Quizá este cuidado en el proceso dio sus frutos. Algunos de ellos inesperados. Tras aportar ese testimonio distinto, rico en detalles, colores, percepciones, se cayó primero la coraza de la desconfianza, pero también la coraza de ser percibidas como víctimas. Ya no querían ser vistas como mater dolorosas, ni como heroínas, ni como salvadoras de nada. En muchos casos, preguntaron si en la foto podían sonreír, como si el hacerlo les invalidara. Ellas querían demostrar con esa sonrisa, con esos colores llamativos o con ese entorno que ellas mismas eligieron para la foto, que se habían sobrepuesto al drama, o al menos, eso habían tratado de hacer en su vida exiliar.

Tanto fue el alivio que les significó recuperar la sonrisa pública, que una vez apagadas cámara y micrófonos en no pocos casos se aventuraron a contar las experiencias con parejas sexuales vividas en el exilio. Incluir en sus relatos, esa otra parte que ellas consideran también tiene que estar, y que es, entre muchas otras, una narrativa de momentos de exploración, contradicción, aprendizaje del goce, de la sexualidad, y sobre todo de la aventura y la diversión. Contarlas en un espacio seguro, sin miedo al juicio vino a comprobar que el exilio sí les permitió liberarse más fácilmente de la norma y abrir otros espacios, conocer otros tiempos donde lo otro, lo distinto, no fuera condenado –ni por un dios, ni por un partido, ni por un hombre– por el hecho de ser diferente.

En la salida del país, las exiliadas chilenas revelaron en sus testimonios la situación de desamparo y desorientación que vivieron tras salir solas o con sus familias. En muchos casos, la salida estuvo antecedida por largos procesos de prisión y tortura cuyas consecuencias físicas y psicológicas se vieron amplificadas al llegar a un país de idioma y culturas distintas. Muchas exiliadas se cambiaron de destino luego de sentir rechazo en los primeros países receptores, a otros donde se sintieron más acompañadas y acogidas por comités de bienvenida y de organismos internacionales que hicieron más grata la llegada tanto física como emocionalmente.

Esa salida fue violenta, improvisada, abrupta y en muchos casos, acompañada de una fractura familiar previa al destino exiliar final. Entre las entrevistadas hay un diez por ciento de casos en que el cónyuge se quedó en Argentina o Perú y no acompañó a sus esposas (la mayoría, con hijos) en el exilio final a un país de Europa, echando ningún otro argumento más que "seguir haciendo la revolución". En estos casos, demás está decir que el duelo fue doble, pero también en las mujeres se produjo una sensación de asumir en los primeros años, estoicamente esta condición, porque el fin revolucionario era mayor que el del proyecto familiar. Sólo algunos años, porque no había tiempo para esperas, sino sólo para pensar en "sacar a los hijos adelante", aparcando ese doble luto.

Ante las separaciones, las mujeres se quedaron con la crianza de los hijos, lo que implicó también tener que postergar su proyecto de vida intelectual, continuación de la profesión o laboral acorde con su nivel de estudios. Esto significó que muchas tuvieron que trabajar al principio en empleos precarios en el sector servicios, para traer el único sustento a la familia desintegrada. El cuidado de los hijos fue en la mayoría de los casos, exclusiva responsabilidad de la mujer, aún en los casos en los que no hubo ruptura familiar: fueron ellas las que tomaron la actitud más proactiva, se preocuparon de la escolarización en el nuevo país y de aprender el idioma nativo.

Las hijas callaron también en su primera etapa, obviamente no por querer hacerlo sino por desconocimiento de esta parte de la historia exiliar. La lucha constante entre el país idealizado que narraban sus progenitores y el que se encontraron en los primeros viajes a Chile, también les hizo pasar por varias etapas a lo largo de su niñez y adolescencia. Cuando estos testimonios son recogidos, las hijas ya abrazan la adultez, y han tenido conversaciones con sus madres, hermanas u otras familiares que les han hecho reaccionar sobre esta meta historia del exilio contado por las mujeres. Esto, sumado al boom memorialístico que Chile vive desde el año 2013, más la revolución feminista de

2018, más el Estallido Social y el papel que tuvo la defensa de los derechos de la mujer tanto allí como en el proceso constituyente, se aliaron para construir una nueva memoria de las mujeres exiliadas que deja en evidencia que el patriarcado atraviesa toda su realidad. Esto abrió otro camino en sus reflexiones conjuntas, madre-hija, que fue el de incidir en la lucha por ese estatus social, jurídico, institucional del exilio en sí que no lo reconoce en el papel como una violencia y puede constituirse en una estrategia para poder, en parte, permitir que las mujeres ya no tengan que emplear todas sus energías en mantener este estatus de víctima que debe demostrar constantemente, sino sentirse de una manera mucho más seguras y acompañadas.

En el caso de las militancias, también hubo descubrimientos. Las mujeres que formaban parte de un partido político en Chile, continuaron con su militancia en el exilio, esta vez enfocada en labores de recaudación de fondos para la resistencia y en la visibilización y difusión de los horrores de la dictadura, para concientizar a la opinión pública internacional. Sin embargo, las que no poseían una militancia formal, igualmente vieron desarrollado su activismo político que se manifestó también en el trabajo con organizaciones sociales y con actividades que devenían en el apoyo a la resistencia, muchas sin ser conscientes de ello.

Cuando lo fueron, el sentimiento fue de asombro, pero luego de orgullo, de toma de consciencia de que un papel importante durante el exilio también ha sido la constitución de una red de asociaciones que, una vez finalizada la prohibición de entrar al país, siguieron funcionando y reinventando sus objetivos para apoyar y luchar por otras causas. Casi todas las entrevistadas y su descendencia hacen al menos una actividad en una asociación relacionada con Chile o con Latinoamérica y el compromiso con las nuevas demandas, lejos de desdibujarse, se ha incrementado debido a que, en el caso de las exiliadas, la actual condición de jubiladas les deja más tiempo para estas acciones a las que están comprometidas a tiempo completo.

Tras el fin técnico del exilio, en 1988, el retorno no estuvo inmediatamente en la mayoría de las mujeres exiliadas. La duración prolongada de la dictadura, la existencia de hijos en edad adolescente, el temor a perder beneficios sociales en el país de recepción, el desencanto de partir nuevamente desde cero a nivel de redes sociales y la falta de garantías en sanidad y educación para sus hijos en Chile, hizo que la mayoría de las mujeres pensaran en quedarse y soñar con una jubilación que les permitiera estar la mitad del año en Chile, y la otra en el destino exiliar.

En muchos casos, la experiencia per se del exilio y el no retorno, –o como muchas lo definieron: el sentirse aún exiliadas– implicó en las mujeres, una suerte de transmisión intergeneracional y transnacional del trauma en la segunda generación, un proceso que aún es importante de seguir analizando, y que pone el foco en cómo la memoria del exilio de las mujeres se traspasa a sus hijas y en algunos casos, hasta a sus nietas. Tradicionalmente las mujeres han sido las transmisoras de la memoria y por tanto las prácticas de memoria tienen un aspecto de género, ya que el papel habitual de la mujer ha sido el de conservar esta memoria (Hirsch, 2015). Cuando la transmisión de memoria ya llega en el caso de las exiliadas hasta las nietas, fue interesante ver en esta investigación cómo el proceso de identificación del exilio de sus abuelas fue más fácil de compartir entre primera y tercera generación que entre la primera y la segunda. Al ser menores en el momento de las entrevistas, no existió la posibilidad de tener textualmente su testimonio, ya que sus madres no lo permitieron, pero a juzgar por la relación que pudo verse in situ en las actividades conjuntas observadas, la transmisión funcionó de una manera más fluida, una relación que invita a seguir explorándose.

La memoria de las mujeres exiliadas, sus hijas, sus nietas, constituye en este caso, la memoria de la otredad, de la alteridad, las marcas en sus testimonios contradicen al discurso oficial –tanto al relato de la dictadura como el elaborado por las voces masculinas– y unifican la reivindicación de la lucha contra la dictadura, con la lucha por los derechos de la mujer. Las mujeres resisten su asimilación a la representación hegemónica, subvierten las convenciones establecidas, no ignoran las injusticias y circulan contra la corriente dominante.

A cincuenta años del hito que cambió para siempre sus vidas, las exiliadas chilenas piden el reconocimiento a una fuerza de trabajo que les permitió salir adelante en situaciones adversas, a aportar en la comunidad de acogida y a la labor de resistencia al régimen desde fuera. Un reconocimiento que, aunque llegue tarde, lleve a reflexionar sobre su papel en la lucha contra la dictadura y a ser percibidas más allá de ser "las mujeres, las madres o las hijas de".

Bibliografía

Adams, J. (2013). Art Against Dictatorship: Making and Exporting Arpilleras Under Pinochet. University of Texas Press. https://doi.org/10.7560/743823

Agosín, M. (2008). *Tapestries of Hope, Threads of Love, The Arpillera Movement in Chile 1974 - 1994*; USA: 2ª edición, Rowman & Littlefield Publishers.

Aleksiévich, S. (2015). *La guerra no tiene rostro de mujer*. Barcelona: De Bolsillo.

Alonso, J., Peñaloza, C. (Eds.), (2020). *Exilios del Cono Sur. Género, generaciones y militancias*. Santiago de Chile: Cuarto Propio.

Bacic, R. (2013). *"Arpilleras: Evolution and Revolution"*. Public lecture, Te Papa Tonarewa September 2, 2013. Wellington, New Zealand.

Bambirra, V. (1971). "La mujer chilena en la transición al socialismo". *Revista Punto Final*. Santiago de Chile, junio de 1971.

Becker, N. (2018). *Una mujer en Villa Grimaldi. Tortura y exterminio en el Chile de Pinochet*. Madrid: El garaje ediciones.

Bolzman, C. (1993). "Exilio, familia y juventud". En: Montupil, Fernando (director) *Exilio, derechos humanos y democracia. El exilio chileno en Europa*. Santiago de Chile.

Brunet, L. (2018). *Ardilla, los hilos rojos de mi memoria*. Barcelona: Bubok.

Cabrejas, G. (2004). *Transformación de la sociedad española desde 1970: Cambios y permanencias en la institución familiar*.

Chaín, E. (2020). *Nostalgias Líricas*. Madrid: Ediciones Rilke.

Eastmond, M. (1997). *The dilemas of exile.chilean refugees in the U.S.A.* Estocolmo: Acta Universitatis Gothoburgensis.

Espinoza, C. (2005). "Chile en el corazón" monográfico Exilio y Retorno de la serie de cuadernos Nosotros los chilenos. Santiago de Chile: LOM.

Fricker, M. (2017). *Injusticia epistémica*. Barcelona: Herder Editorial.

Gálvez, A. (Coord.) (2021). *Históricas. Movimientos feministas y de mujeres en Chile, 1850-2020*. Santiago de Chile: Lom.

Gálvez, M. (2021) *Political Activism of Chilean Women Exiled in Spain (1973-1990)*. Trabajo de fin de máster, Leiden University.

Herrera, A. (2007). *Desde el tejado. Memorias de Alicia Herrera*. Santiago de Chile: Ediciones ChileAmérica CESOC.

Hirsch, M. (2015). *La generación de la posmemoria: escritura y cultura visual después del Holocausto*. Carpenoctem.

Horvitz, M. (Ed.) (2017). *Exiliados y desterrados del Cono Sur de América 1970-1990*. Santiago de Chile: Erdosain.

Jelin, E. (2020). *Las tramas del tiempo: Familia, género, memorias, derechos y movimientos sociales*; Consejo Latinoamericano de Ciencias Sociales; 1.

Malkki, L. (1989). "Purity and Exile: Transformations in Historical -National Consciousness among Hutu Refugees in Tanzania", Ph.D. dissertation, Anthropology Department, Harvard University.

Maravall, J. (2012). "Las mujeres en la izquierda chilena durante la Unidad Popular y la Dictadura Militar", Tesis doctoral UAM. Madrid.

Mercado, T. (1990). *Estado de memoria*. Montevideo: Ada Korn Editora.

Pinto, J. (Ed.) (2005). *Cuando hicimos historia. La experiencia de la Unidad Popular*. Santiago de Chile: LOM.

Rebolledo, L. (2010). *Mujeres exiliadas. Con Chile en la memoria*. Santiago de Chile: Universidad de Chile.

Richard, N. (2008). *Feminismo, género y diferencia(s)*. Santiago de Chile: Palinodia.

Rosentreter, K.; Albarrán, D. (2023). Hilos desde la Diáspora: Diálogos textiles desde el Sentipensar y el Corazonar entre mujeres migrantes latinoamericanas. Educación Multidisciplinar Para La Igualdad De género, (5), 151-167.

San Martín, X. (2019). *Desarraigo. El golpe de estado en Chile y los laberintos del exilio*. Memorias. Santiago de Chile: Piso Diez Ediciones.

Soto, O. (1998). *El último día de Salvador Allende*. Madrid: País Aguilar.

Soto, O. "Los valores de Salvador Allende son la antítesis de lo que sucede ahora" *Nueva Tribuna.es*, 04/09/13

Stern S. (2001). "De la memoria suelta a la memoria emblemática: hacia el recordar y el olvidar como proceso histórico (Chile, 1973-1998)" en M. Garcés et. al, compiladores, *Memoria para un nuevo siglo. Chile, miradas a la segunda mitad del siglo XX*. Santiago de Chile: LOM Ediciones.

Vásquez, A.; Araujo, A. (1990). *La maldición de Ulises*. Santiago de Chile: Sudamericana.

Vallejo, I. (2021). *El infinito en un junco*. Madrid: Siruela.

VV.AA. (2013). *El asilo francés a 40 años del golpe de estado*. Santiago de Chile: LOM.

Vinyes, M. (2017). "Una palabra propia. Experiencia y relato en las arpilleras chilenas". *Iberic@l*, 11, 37-149. hal-03790871.

Vidaurrázaga, T. (2007). *Biografía y cercanía con el sujeto de estudio, una opción con perspectiva de género y feminista*. VII Jornadas de Sociología. Facultad de Ciencias Sociales, Universidad de Buenos Aires, Buenos Aires.

Winn, P. (2013). *La revolución chilena*. Santiago de Chile: LOM.

Testimonios de las mujeres exiliadas

Este libro se terminó de imprimir en Madrid, diciembre de 2024